숭실대학교 동아시아언어문화연구소

식민지시기 일본어 조선설화집 번역총서 1

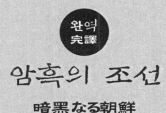

암흑의 조선

暗黑なる朝鮮

저자 우스다 잔운

역자 이시준

박문사

식민지시기 일본어 조선설화집 번역총서
간행사

· · ·

　국민국가 체제가 성립되면서 민간설화의 중요성이 재인식되어, 일제는
조선설화에서 조선민족의 심성과 민족성의 원형을 찾을 수 있다고 판단하
고, 1908년 이후 50여 종 이상의 조선설화를 포함한 제국일본 설화집을
발간했다.

　이러한 일본어조선설화집은 전근대 및 해방 후 설화집과의 관련성 및
영향관계 연구에서 문학, 역사학, 사회학, 민속학 분야의 중요한 자료임에
도 불구하고 근대 초기의 자료인 만큼, 현대 일본어와 달리 고어를 포함한
난해한 문체 등의 언어적 한계로 인해 학술자료로 널리 활용되지 못하는
데 아쉬움이 있었다. 대부분의 연구는 각 논문의 주제와 관련된 텍스트를
중심으로 설화를 단편적으로 다루는 데 그치고 있는 실정이다.

　일본어조선설화집의 번역을 통한 총서간행의 의의는 다음과 같다.

　첫째, 이미 작업을 시작한 숭실대학교 동아시아언어문화연구소의 〈식
민지시기 일본어 조선설화집자료총서〉와 더불어 학계에 새로운 연구자료
를 제공한다.

둘째, 일본어 조선설화집이 간행된 시대적 배경과 일선동조론과의 정치적 문맥을 실증화 함으로써 조선설화가 근대시기에 어떻게 텍스트화되어 활용되었는지를 명확히 할 수 있을 것이다.

셋째, 식민지 실상에 대한 객관적인 조명은 물론이고, 해방 후의 한국설화와의 영향관계 파악을 통해 오늘날 한국설화의 형성과정을 되돌아보고 그 영향 및 극복을 규명하는 단초를 제공할 것으로 기대한다. 이는 일본관련 연구자에게 뿐만 아니라 인문사회과학 제분야의 연구 활성화에 기여할 것으로 판단된다.

넷째, 해방 후 한국설화의 비교연구는 식민지의 상황에 대한 구체적인 검증 없이 한일 비교연구가 행해진 것이 사실이다. 한일설화가 밀접한 관련성을 지니고 있고 동아시아적 관점에서 비교연구의 필요성이 절실한 현실임을 인정하지만, 식민지기 상황에서 어떤 논의가 있었고, 그 내용 및 성격에 대한 공과를 명확히 하는 작업이 선결되어야 한다고 판단된다. 식민지시기의 실상 파악과 한국설화의 근대적 변용과 활용에 대한 총체적 규명을 통해 한일문화의 근원에 존재하는 설화를 통한 문화 이해의 기반을 마련해야 할 것이다. 일선동조론에 입각한 왜곡된 조선설화 연구가 아닌, 동아시아 설화의 상상력과 공감대를 형성하는 한국설화의 저변확대를 통한 교류야말로 진정한 미래지향적인 한일관계, 나아가 21세기 동아시아 평화공동체 구축을 위한 상호이해 기반을 제공하는 초석이 될 것으로 기대하는 바이다.

숭실대학교 동아시아언어문화연구소

소장 이 시 준

범례凡例

1. 이 책은 1908년 닛칸쇼보日韓書房에서 발행한 우스다 잔운薄田斬雲의 『암흑의 조선暗黑なる朝鮮』의 번역으로, 2012년 숭실대학교 동아시아언어문화연구소 식민지시기 일본어 조선설화집자료총서로 영인된 바 있다.

2. 설화집과 저자에 대해서는 식민지시기 일본어 조선설화집자료총서 『암흑의 조선暗黑なる朝鮮』(제이앤씨, 2012)의 해제를 참조할 수 있다.

3. 이해를 돕기 위해 필요에 따라 한자를 본문 옆에 작은 글씨로 병기하였으며, 원문과 역어가 다른 경우에는 괄호 안에 원문을 표기하였다. 일본식 약자는 정자로 바꾸었다.

4. 일본어의 한글표기는 국립국어연구원의 한글맞춤법에 의거한 외래어표기법을 따랐다.

5. 보충설명이 필요한 내용에는 역자가 각주를 달았다.

암흑의 조선

우스다 잔운

薄田斬雲

완역 암흑의 조선

서 문

一. 이 책은 '한국의 암흑면韓國の暗黑面'이라는 제목으로 예고한 바 있으나 제목으로 어색한 감이 있어 '암흑의 조선暗黑なる朝鮮'이라 책명을 바꾸었다.

一. 이 책은 조선의 암흑을 향해 성냥 한 개를 밝힌 것에 불과하다. 만약 횃불을 밝히려고 한다면 이 책에 실린 항목은 각각 천 페이지의 방대한 양을 필요로 할 것이다. 하지만 암흑의 온돌에 성냥 한 개의 섬광이 없는 것보다는 있는 것이 낫다는 사실은 명명백백한 것임에 틀림없다. 횃불을 밝히기에는 십수 년의 준비가 필요할 것이다.

一. 이 책은 저자라 해야 할지 편자라 해야 할지 애매하다. 타인의 기록을 발초拔抄한 부분도 있으니, 재료 수집상 어쩔 수 없었음을 삼가 밝혀 두는 바이다.

명치明治 41년* 9월 경성京城 욱정旭町에서

---

* 1908년

9

목 차

10

완역 암흑의 조선

요괴귀신 妖怪鬼神

◎ 한국[1]의 경우 가미神[2]라고 하는 명사는 예로부터 없었다. 한인韓人에게 물으니 옛날에는 있었지만 지금은 없다고 한다. 지금은 귀신鬼神·신령神靈·신선神仙 등의 한어漢語를 그대로 사용한다. 일본과 같이 자국의 충신의사忠臣義士를 모시는 경우는 적고 일반적으로 신이라 하면 사람에게 재앙을 내리는 신을 말하는 것이다. 또 단순하게 '神'이라고 표기하지 않고 귀신鬼神이라고 표기한다. 그런데 이 신이란 것은 위로는 하늘에서부터 아래로는 하계下界에 이르기까지 무엇 하나 신이 아닌 것이 없다. 그렇다면 한인은 많은 신을 신봉하는가 하면 반드시 그렇지도 않다.

◎ 그렇다면 한인을 정신적으로 지배하는 종교의 힘을 가진 것은 무엇인가. 그것은 바로 '귀신'이며, '鬼神'이라고 표기한다.

---

1 '대한제국'을 가리킴. 대한제국은 1897년 10월 12일부터 1910년 8월 29일까지의 조선의 국명. 1897년 2월 고종이 환궁한 후 독립협회와 일부 수구파가 연합하여 칭제건원稱帝建元을 추진, 8월에 연호를 광무光武로 고쳤으며, 9월에는 원구단圜丘壇을 세웠고, 드디어 1897년 10월 12일 황제즉위식을 올림으로써 대한제국이 성립되었다. 국명이 대한제국인 만큼, 본서에서는 당시의 조선인을 '한인'이라 지칭하고 있음.

2 가미는 신神에 해당하는 일본어.

(一) 귀신鬼神

◎ 한인에게 사후死後에 어떻게 되느냐고 물으면 영혼이 된다고 말한다. 이것은 우리들의 다마시(魂)[3]에 해당한다. 그런데 이 혼은 매장된 묘소墓所의 관 속에 얌전하게 조용히 있다. 기일에는 각자의 집에 와서 공물供物을 받는다. 언제까지나 묘소 안에 거한다. 우리들처럼 지옥에 간다거나 극락에 간다거나 하지 않는다.

◎ 그래서 조선인은 지옥·극락에 대해 알지 못한다.

◎ 애초부터 지옥·극락에 대한 개념이 없기에 부처의 개념도 없다. 따라서 사원寺院도 필요 없다. 지금의 절은 사생아私生兒를 버리는 곳이 되었다. 한인은 삼년상을 치르는데 다음多淫한 여인은 삼 년 근신 중에 몰래 다른 남자와 밀통을 하여 아이를 밴다. 이렇게 해서 상중喪中에 태어난 아이는 사생아로 모두 절로 보내진다.

◎ 절로 보내진 남녀는 일생 동안 소외된 자, 최하층의 인간이 되어 일반인으로부터 멸시를 받는다. 일본에서 말하는 에타히닌穢多非人[4]과 격이 같다고 하겠다.

◎ 인간은 누구나 평온하게 죽지 못한다. 임종 시는 누구나 병에 걸리는 것이 보통이나 문둥병 내지는 정신병과 같은 업병業病에 걸려 죽은 자는 무덤 속에서 안면할 수 없다. 또한 익사, 분사焚死, 칼에 의한 부상, 자해, 목을 매고 죽은 경우나 혹은 산과 같은 곳에서 죽는 등의 이른바 변사變死를 한 자는 그 영혼이 성불할 수 없는 망자亡者가 된다. 이 망자는

---

3 '다마시'는 영혼, 혼에 해당하는 일본어.
4 '에타히닌'은 일본의 중세 신분제도의 한 계급으로 에도江戸 시대에 확립되었고 제도상으로는 메이지明治 시대에 폐지되었다. 근대 이전의 사농공상士農工商 분류에 속하지 않는 최하층의 신분을 의미하는 것이 일본의 대중적인 인식임.

묘지에서 안면하지 않고 대자재력大自在力[5]을 얻어 귀신鬼神이 되어, 각지를 비행하며 화령火靈, 수령水靈이 된다. 이 귀신은 한민에게 유일한 신불神佛로 인간의 운명화복을 관장한다.

◎ 그렇다면 한인은 관우묘關羽廟나 사찰을 어떤 것으로 생각하고 있을까. 이 두 개는 지나支那로부터 유입된 것이다. 말하자면 의붓자식으로 관우묘나 절에 참배하는 일은 없다. 호코豊公[6]의 삼한三韓 정벌 시절, 가토기요마사加藤淸正[7]의 위명威名이 한국의 팔도를 뒤흔들었을 때, 관제關帝가 조선왕의 침상에 서서 기요마사 퇴치에 관해 어떤 고언告言이 있었고 그 후 일시적으로 관우묘가 인민의 신앙의 대상이 될 뻔한 흔적은 있었으나, 관우묘는 오히려 조선왕이 숭앙한 왕가王家의 부속물로 받아들여졌고 오늘날에는 일반 인민들에게는 하등의 관계가 없는 것이 되었다.

◎ 한편 석가의 경우는 어떠한가. 4월 8일에는 한민韓民 남녀가 쏟아져 나와 시내를 배회하지만 단지 무의미하게 석가강탄제釋迦降誕祭라는 명칭을 이용해서 하루의 유락遊樂을 구하는 형편이다. 불교는 한민의 종교가 되지 못했다. 작금은 기독교나 불교가 각지로 서양인과 일본인에 의해 전파되고 있지만, 한민 전체로 보면 회당과 사원은 단지 휴식장소 정도로밖에 여겨지지 않는다.

◎ 그렇다면 한민 일반이 신앙하고 있는 귀신이란 무엇인가? 어떤 모습을

---

5 속박이나 장해를 전혀 받지 않고 어떤 일이라도 마음대로 할 수 있는 큰 역량.

6 '호코'는 도요토미 히데요시豊臣秀吉(1536/37~1598)를 가리키며, 아즈치 모모야마安土桃山시대 오다 노부나가織田信長 휘하에서 점차 두각을 나타내어 중용되던 중 오다 노부나가가 죽자 일본 통일을 이룩했다. 1592년의 임진왜란과 1597년 정유재란을 일으키지만 고전을 거듭하였고 국력만 소모한 끝에 정유재란 중 후시미 성伏見城에서 질병으로 사망하였음.

7 가토 기요마사(1562~1611)는 도요토미 히데요시의 전국통일 이후 규슈九州의 히고肥後 남부에서 25만 석의 대명大名으로 임명되었다. 임진왜란이 일어나자 함경도 방면으로 출병하여 조선의 왕자 임해군과 순해군을 포로로 잡는 등 맹활약하였음.

하고 어떤 일을 행하는가? 이것은 보통 한인과 같은 흰옷을 걸치고 손과 발도 있다. 완전히 보통사람과 비교해 어떤 다른 점도 없는 신으로, 밤이 되면 출몰한다. 그들은 실내에 살기도 하고, 돌담의 구멍에도 살며, 썩은 나무의 구멍에도 산다. 아무튼 어두운 구멍 속에서 살기 때문에 밤이 되면 강력한 마력을 지니게 되며, 때때로 어둠속에서 흰옷 차림으로 출몰하기도 한다. 인간의 길흉화복은 오로지 이 귀신의 힘에 의한 것인데, 귀신에게도 성격이 악한 것이 있어 사람을 괴롭히는 경우도 있다. 특히 일생 과부로 죽은 여자 귀신의 성격이 악해서, 홀로 지낸 외로움에 대한 원망때문에 사후 인간에게 앙화殃禍를 입힌다고 구전되고 있다. 그래서 그 앙화를 막기 위해 과부가 죽으면, 그 영이 되살아나 현세에 나오지 못하도록 봉해 버린다. 그 방법은 메밀떡을 만들어 그것으로 시체의 귀, 코, 입, 눈 그 외의 구멍을 모두 막는 것인데, 손이나 다리에도 메밀떡을 발라 벌어지지 않도록 해서 매장한다. 또한 무서운 영으로는 미혼의 소녀의 영인데, 이미 성에 눈뜬 상태에서 남자의 정을 모르고 요절하게 되면 이 원한 때문에 무서운 앙화를 입힌다. 그래서 일가 가족들이 모두 업병業病에 걸려 말라 비틀어져 거죽만 남는 일이 있다고 구전되고 있다. 그래서 여자 아이가 12, 13세가 되면 아무튼 빨리 혼인을 시킬 생각을 한다고 한다.

◎ 그런데 이 귀신 중에는 집요하게 인간에게 앙화를 입히는 녀석이 있다. 잔혹하게 죽게 되면 아무래도 영면하지 못한다. 그래서 분사焚死한 귀신은 친구로 둔갑해 사람을 꾀어내어 온돌에 불을 피우게 하고 불이 거세지면 불속으로 그 사람을 유인한다. 집안사람이 이것을 발견하고 "너는 무슨 짓을 하고 있느냐." 하고 놀라 불속에서 그자를 구해내면, "나는

지금 친구 손을 잡고 먼 곳으로 놀러 갈 셈이었다."라고 대답한다. 그래서 손을 불에 반쯤 태우는 일도 있다.

◎ 또 물에 빠져 죽은 귀신인 경우에는 이렇게 저렇게 사람을 유혹하여 물속으로 끌어들인다.

◎ 그래서 귀신은 어떠한 것보다도 무서운 법이다. 한인은 될 수 있는 한 귀신의 심기를 거스르지 않도록 하여 앙화를 입지 않고 복을 받을 수 있도록 고심하는 것이다.

(二) 허깨비魍魅魍魎

◎ 귀신은 길흉과 화복 양쪽을 관장하는 요괴이기 때문에 착한 사람에게는 그다지 해코지를 하지 않는다. 경외하고 자기가 가야할 길에서 벗어나지 않으면 크게 두려워할 필요가 없는데, 여기 명실상부한 악마가 있다. 이를 허깨비라 부른다. 허깨비는 이매망량魍魅魍魎[8]이라고 표기하는 것이 적합할 듯하다.

◎ 허깨비는 어디에서 온 것일까. 이것은 정말이지 기괴한 미신에 의해 생겨난 것으로 인간의 피에서 생겼다고 한다. 손가락이라도 베이면 피가 나오기 마련이다. 그 피가 실내에 떨어지는 경우 깨끗하게 닦아 버리면 어떤 앙화도 없지만, 그 피가 옥외에 있게 되면 그 피에서 허깨비가 생긴다.

◎ 허깨비는 적색이나 청색의 불속에서 이글거리는 두 눈을 한 1장丈 정도

---

8 이매魑魅란 산림의 이기異氣에서 생긴 괴물로 에도江戸 시대 백과사전『화한삼재도회和漢三才圖會』에서는 산의 신으로 등장한다. 한편, 망량魍魎은『화한삼재도회和漢三才圖會』에서 물의 신으로 소개되고 있다. 일반적으로 이매망량은 산과 강의 모든 괴물을 가리키는 이름으로 사용되고 있음.

의 괴물로 출몰한다. 우리들이 생각하는 유령불幽靈火과 유사하다. 그러나 이 괴물은 우리가 생각하는 유령처럼 강력하지 않으며, 낮에는 수목 덤불 속에 숨어 있다. 밤이 되면 통행이 드문, 인가에서 조금 떨어진 곳에서 출몰하여 통행인을 잡고는 씨름을 하자고 한다.

◎ 그런데 제의를 받아들여 씨름을 했을 때, 오른손으로 허깨비의 허리를 잡으면 반드시 지게 되며, 왼손으로 잡으면 허깨비는 금방 져서 도망가 버린다. 왼손쓰기를 망각하고 오른손을 쓰면 반드시 패배한다. 한번 지게 되면 그 후에는 반드시 진다. 지면 허깨비는 어디로든 끌고 가 버린다. 물속으로 끌려가면 익사하고, 산으로 끌려가면 아사餓死한다. 마을 근처로 끌려가면 다음 날 마을 사람들에게 발견되어 목숨을 부지한다.

◎ 귀신이나 허깨비는 첫닭이 울면 도망쳐 버린다. 허깨비와 조우했을 때, 이것이 허깨비라고 알아차렸다면 얼른 허리춤의 주머니에서 담배를 꺼내 곰방대에 집어넣고 성냥으로 불을 붙이면 허깨비는 도망가 버린다. 부인네들이 긴 곰방대와 성냥을 반드시 소지하고 있는 이유 중의 하나는 바로 이 악마를 퇴치할 수 있는 도구이기 때문이다.

◎ 허깨비는 이런저런 장난을 친다. 실내의 물건을 숨기거나 솥뚜껑을 솥 안에 집어넣기도 한다. 보통 솥뚜껑은 솥보다도 넓은 법인데 마술로 솥 안에 집어넣는다고 구전된다.

(三) 도깨비濁脚

◎ 허깨비와 같은 것으로 도깨비라고 하는 것이 있다. 도깨비는 빗자루에 묻은 피에서 생긴다. 빗자루는 불결한 것을 청소하는 것이기에 귀중한

인간의 피를 불결한 물건에 닿게 한 죄로 이러한 괘씸한 것이 생겼다고
하는 의미일 것이다.

◎ 이 도깨비는 돈을 무한정 가지고 와 준다고 구전된다.

◎ 그런데 이 허깨비와 도깨비는 거의 비슷해서 경성京城 부근에서는 수구
문水口門[9] 밖에 많이 있었다고 한다. 수구문 밖은 짐승과 가축의 시체를
던져 버리기 때문에 뼈의 인이 타는 것이리라. 흐리고 비가 내리는 밤에
는 반드시 출몰한다고 한다.

◎ 재미있는 사실은 앞서의 허깨비와 도깨비는 모두 김씨 성을 가지고
있어 김서방이라고 한다. 조선의 이매망량은 모두 김서방인 것이다.

◎ 이외에도 박식한 한인이 이야기하는 신은 무수히 많다. 이하 개략적으
로 적어 보았다.

◎ **옥황상제玉皇上帝** 속칭 '하나님ハナニム'이라 하며, 춘하추동 사계절의 불변
을 주제하는 신으로, 언제나 천궁天宮에 거하는 모든 신의 왕이다.

◎ **산신山神** 한국에서는 무덤을 산소山所라고 해서, 무덤을 산신이 수호하는
곳이기 때문에 무덤에 제를 올리기 전에 반드시 산신에게 제를 올린다.
사당은 많은 장소에 있는데 신체神體는 호랑이를 탄 신선그림이다. 호랑
이를 산군山君이라 부르며 숭배하는 것은 호랑이가 산신의 말이기 때문
이라고 한다. 즉 산신은 산림을 수호하는 신이다.

◎ **오방장군五方將軍** 방위를 수호하는 신으로 한인은 동서남북중앙을 5방이
라고 해서 오방장군이란 청제青帝, 백제白帝, 적제赤帝, 흑제黑帝, 황제黃帝

---

9 원래의 이름은 '광희문光熙門'으로 수구문 또는 시구문屍口門이라고도 불린 조선 시대의
성문. 동대문과 남대문의 사이, 즉 도성의 동남쪽에 위치하며 1396년(태조 5)에 도성을
쌓을 때 창건되었음.

를 일컫는다. 또 동쪽의 봄, 남쪽의 여름, 북쪽의 겨울, 중앙의 토용土用[10]을 오방장군 유행遊行의 방위시계方位時季라고 한다. 또한 무녀의 집에서는 오방장군을 모시고 있다.

◎ **신장神將** 오방장군의 대장으로 그 수는 매우 많고 악마를 퇴치하는 신이라고 해서 이 신도 무녀 집에서 모시며 무녀가 기원을 행하는 신이다.

◎ **용신** 강과 바다를 수호하는 신으로 물속 용궁에 있다고 한다. 한인의 배에 반드시 모셔져 있다. 만일 풍파의 위험에 처하게 되면 이 신이 내린 앙화라고 믿어 크게 두려워한다.

◎ **성황城隍** 도로와 성내城內의 수호신으로, 한인이 가장 많이 믿는 신이며 그 사당祠堂도 많다. 사당이 없는 곳에는 길가의 나뭇가지 등에 천이나 종이를 매달고 그 부근에는 돌이 수북이 쌓여 있다. 이 역시 이 신을 모시는 곳으로 돌은 새전賽錢 대신 행인이 바친 것이다. 신체神體는 남성, 여성 혹은 동자의 모습으로 일정하지 않다.

◎ **부군당府君堂** 관아官衙 혹은 각 상점 등이 모시는 신으로 신체는 각각의 집마다 다르다. '부군'이라는 표현은 한어韓語로 결국 신을 뜻하며 '당'은 곧 사당을 의미한다. 그러나 모두 부군당이라 해서 사당 이름이 결국 신의 이름이 되었으니, 일본의 우지가미氏神[11]와 같다.

◎ **지도장승指道長承** 장승이라는 사람의 이름이 신의 이름이 되었다고 구전되고 있으며 많은 연기緣起가 있다. 나무 기둥에 인형을 조각하여 길옆

---

10 '土王' '土旺'이라고도 한다. 토용 오행五行에서 말하는 토기土氣가 성盛하다는 절기. 일 년에 네 번 있는데, 입춘·입하·입추·입동 각 18일 동안임.

11 원래는 혈연관계의 일족 즉 우지氏가 모시는 신도神道의 신을 말하는데, 중세 이후 혈연관계뿐만이 아니라 같은 지역의 사람들도 모시게 되어, 토지신인 우부스나카미産土神, 진주鎮守의 신과 동일시되는 경우가 많음.

에 세워진 것은 이 신의 신체神體로 동내의 수호신이다.

◎ **걸립**乞粒 거지의 영靈으로 이 신에게 금전 혹은 의복을 바치고 모시면 일생 동안 부족함 없이 영화롭게 생활할 수 있다고 해서 부녀자는 각각의 집에 이 신을 모시고 있다.

◎ **업위양**業位樣 운기運氣의 군신軍神으로 신체는 여러 가지이다. 상자 혹은 병 속에 쌀과 뱀을 집어넣기도 하고, 쌀과 돈을 집어넣기도 한다. 반드시 쌀을 넣고 다른 동물을 집어넣는다. 이 신체는 주인이 이전할 때 반드시 가지고 간다.

◎ **산신**産神 출산 수호신으로, 임신을 하면 이 신을 모신다. 또 태어난 이후 2, 3살 정도까지는 이 신의 가호가 있다고 한다.

◎ **성주**成主 각 집의 수호신으로 신체는 종이로 쌀, 돈, 떡 등을 싸서 기둥 위에 붙여 놓는다. 새로 가옥을 지으면 무당을 불러 이 신에게 기도하게 한다.

◎ **칠성당**七星堂 북두칠성을 모시는 사당으로 사당이 신의 이름이 되었다. 수명운기壽命運氣의 신으로 곳곳에 사당이 있다.

◎ **사도세자**思悼世子 뒤주대감이라고도 한다. 이것은 영조英祖 대왕의 둘째 아들인 사도세자를 가리키는데, 부자 사이에 불화가 있어 영조가 뒤주 속에 세자를 감금시켜 죽였다. 원한을 가지고 죽은 세자이기 때문에 뒤주대감이라 하여 무당은 이 신령을 새신賽神[12]으로 삼고 있다.

◎ **국사당**國師堂 이조 시대 초기의 명승, 무학無學이라는 자를 모시는 당堂으로, 경성의 남산 꼭대기에도 있다. 무당이 모여서 기도를 하는 곳인데 지금은 일반 인민이 병이나 그 외의 기도를 하기도 하고, 많은 공물을

---

12 굿이나 푸닥거리를 하는 일.

신전에 바치고 그 일부를 국사당 무당에게 보내 기도를 의뢰한다.

◎ **최영장군**崔塋將軍 고려 말의 유명한 장군으로 개성開城의 덕물산德勿山에 모셔졌는데, 가장 영험하기로 믿음이 널리 퍼져 시골에서 온 참배자가 많고, 경성에서도 많이 참배한다고 한다.

◎ **말명**末命 혹은 부귀浮鬼라고도 하는데 부행浮行의 귀신으로 사람에게 재앙을 내리는 신이다.

◎ **노인당**老人堂 이것은 노인성老人星을 모시는 사당으로 수명壽命의 신이다.

◎ **호구별성**戶口別星 속칭 '마마'라고 하는데 포창疱瘡의 신이다.

◎ **기주**基主 택지擇地의 수호신이다.

◎ **주왕**廚王 부엌의 신이다.

◎ **측신**厠神 변소의 신이다.

◎ **삼불**三佛 무당의 집에는 반드시 있다. 또 일반 사람의 집에도 있다. 삼불이란 석가, 아미타, 약사라고 하며 고高, 부夫, 양梁의 삼불이라고도 한다. 이 고, 부, 양은 옛날 제주도에 상륙해서 한국에 처음으로 불교를 퍼뜨린 사람이라고 한다. 무당은 기도할 때 이 삼불을 종이에 그려 벽에 붙여 사용한다.

◎ **관공**關公 촉한蜀漢의 관우關羽를 모신 것으로 곳곳에는 장엄한 묘廟가 있다. 관공은 사후 승천하여 인간의 선함과 악함, 사함과 바름을 모두 상제上帝에게 진언한다고 믿어 유교적으로 제사를 올린다. 무당 등이 깊이 신앙하였으며, 일반인들도 매일 참배하여 기도하는 자가 매우 많다.

◎ **태상노군**太上老君 도교의 시조를 모신 것으로 그 화상畵像을 신선 중의 장로長老로서 숭배한다.

◎ **태주** 여자만 섬기는 신으로 어린아이의 신령이다. 이 신을 믿는 여자의

집에서는 항상 생생하게 들보 위에서 사람의 이야기 소리를 듣는다고 한다. 한인의 태주タイヂユ의 신체에 대한 이야기에 따르면, 8, 9세의 소녀를 방에 가두고 식사를 주지 않아 소녀가 배고픔에 먹을 것을 애원할 때, 작은 구멍으로 식사를 보여 주고 소녀가 이것을 집으려고 손을 내밀면 그 손가락을 잘라 그 소녀가 죽은 후 이 손가락을 신체로 한다고 한다.

◎ **손각시** 무당이 신내림 때 사용하는 신으로 가장 난폭한 신이다.

암흑의
조선 무녀巫女

◎ 조선의 무녀를 무당이라고 한다. 이 무녀는 국가의 명령마저도 제재할
　정도의 대권능자大權能者처럼 추앙받고 있다. 이세伊勢의 신풍神風을 기
　원하는 것처럼 국가적인 대사가 있을 때 궁중에서는 무녀를 왕성 안으
　로 불러들여 기도를 하게 한다. 이 기도로 국가의 독립을 유지하려 하고
　있으니 허황된 꿈을 꾸는 데엔 정말 어처구니가 없다.

◎ 요즘은 우리 위병경관衛兵警官이 경계를 엄중하게 해서 무녀가 궁중에
　들어오지 못하게 한다. 그런데 궁중의 잡배는 폐백幣帛을 들고 시중에
　살고 있는 무녀의 집을 찾는다. 그리고 왕명이라고 해서 여러 가지 황당
　하고 어처구니없는 일을 무녀에게 기도하게 한다. 가령 일본인을 모두
　한국 밖으로 축출할 수 있도록이라든가 국유로 한 제실帝室의 재산을
　다시 제실의 것으로 복원할 수 있도록이라든가 하는 것을 무녀에게 기
　도하게 하는 것이다.

◎ 이전에는 궁중을 오가던 무녀가 막강한 권력을 가진, 신과 인간의 중개
　자로서 로마법왕과 같은 엄청난 위력의 소유자였다. 지금의 통감부 뒤
　남산 정상에 있는 국사당의 제주祭主는 이런 종류의 무녀로서 그들은

극진한 대우를 받고 있는 것처럼 선전하고 있다.

◎ 그럼 과연 무녀의 기도의 내용은 어떠한 것일까. 무녀는 천신지기天神地祇에 대해서 이 소원을 이루게 해 달라고 기도하는데, 방안에 제단을 세우고 사람인지 신인지도 알 수 없는 수상쩍은 목상木像을 장식해 놓는다. 그 외에 관우나 공자 등의 화상을 담은 족자를 사방의 벽에 빼곡히 건다. 결국 이것들은 모두 천신지기로 가정한 것이다.

◎ 제단에는 과일이나 곡식류의 공물을 늘어놓고 무녀는 대개 50세 정도의 성깔이 있을 듯한 다부진 표정의 노파로, 머리카락은 보통사람과 같이 뒤로 묶고 기생이 춤을 출 때와 같은 긴 소매 옷을 입고 왼손에 산호나 마노瑪瑙로 된 염주를 들고 제단 앞에 단좌한다. 손을 좌우로 격렬하게 흔들고 입으로는 무엇인가 큰소리로 주문을 외운다. 그러면 10여 명의 제자인 듯한 한인들은 각각 청룡도나 검이나 창 등을 들고 그 주위에 늘어선다. 피리, 북, 징 등을 가지고 법석을 떠는 자도 있다. 그리고 끊임없이 큰소리로 무녀가 예의 주문을 외워댄다. 그 후 제단에 준비된 필통과 같은 긴 관에서 무엇인가 적힌 대나무로 된 제비를 뽑는다. 그리고 그 적힌 내용에 의거하여 판단을 내린다. 가령 오월대우五月大雨가 나왔다고 하자. 5월이 되면 비가 내리는데, 비는 북방에서 온다. 곧 러시아 병사가 북쪽에서 침입하여 일본인은 남쪽 바다로 내몰리게 된다는 식의 해석이다. 정말이지 아이들 장난 같다. 국가적 대사에 대한 기도의 방법이 이와 같다.

◎ 다음으로 일반 인민을 대상으로 한 병마를 제거하는 경우는 옥외의 흙담 위에 동서남북 사방에 밥을 가득 담은 사발을 올려놓고 우선 천신지기에 바친다. 그리고 5, 6장의 백지를 땅 위에 놓고 무녀는 바람에

날려 가 버릴 듯한 그 백지를 손으로 누르면서 염주를 흔들고 열심히 주문을 외운다. 그동안 기도를 의뢰하러 온 남자는 뒷방에서 술이라도 마시면서 태평하게 시간을 보내고, 병자는 자기 집 불결한 온돌방에서 끙끙 앓는다. 그래도 이 기도 후 병이 쾌유되는 일도 드물게 있었으니, 한인들은 무척이나 영험이 있다고 떠들어 댄다.

◎ 무녀는 이름 그대로 여자의 직업으로 과부인 경우가 많다. 사회조직상으로는 열등한 자로 인식되고 있다. 그러나 무녀 자신은 영혼의 중계자로, 따라서 모든 신기영혼과 친구이기 때문에 자신이 원하는 대로 신기 그 외의 요마 등을 좌지우지할 수 있다고 말하고 있다. 무녀의 술법은 지나支那에서 전해온 듯하다.

◎ 무녀의 기도는 10가지 종류가 있다. 그중 가장 많이 행해지는 것은 병의 영혼을 추방하는 일이다. 그런데 여러 종류의 영혼이 왜 인간에게 붙어 질병의 고통을 맛보게 하는 것일까. 일단 굶주린 영혼이 있다. 이 녀석이 방황하다 인가의 출입문에 와 있는데, 마침 진수성찬을 먹고 있는 남자가 있다. 이 남자가 고기 한 점 던져 준다면 안전하겠지만 형체도 없는 영혼의 존재를 알 리가 없어 자기 혼자만 맛있게 먹는다면 영혼은 원한이 뼈에 사무쳐 그 남자에게 붙어 버린다. 이후 남자는 병상에 누워 신음하게 된다는 식이다.

◎ 가령 두 사람의 친구가 있다고 하자. 한 사람이 죽으면 죽은 영靈은 그 친구도 황천黃泉 여행의 동반자로 하려 한다. 이 때문에 친구는 병상에 눕는다.

◎ 가령 어떤 사람이 이 영혼들에 대해 욕을 하고 다 같이 박멸하자라는 식으로 하면 영혼의 원한을 사게 되어 두통의 병에 걸리게 된다.

◎ 또 오랫동안 일정 장소에 버려져 쌓인 쓰레기 더미 속에 살고 있는 영혼은 그 쓰레기를 쓸어내어 다른 곳으로 옮기는 자가 있으면, 이 자에게 붙어 병상에 눕게 한다.

◎ 운이 없어 마침 사람이 죽은 집을 가게 되어, 그 죽은 자의 영혼이 그 남자에게 붙어 병이 나는 경우도 있다.

◎ 위와 같은 경우는 두세 가지의 예에 지나지 않는데, 인간에게 영혼이 붙는 것은 인간의 실제의 죄악에 의한 것이 아니라, 모두 우연한 계기로 인해 일어난다.

◎ 한편 어떤 집에 병자가 생겼는데 바로 낫지 않는다면 환자는 혹시 이것은 우연한 계기로 영혼이 붙은 것은 아닐까 걱정한다. 그래서 무녀에게 사람을 보내 병상病狀을 이야기하게 하고 무엇인가 영혼의 소행이 아닌지 살펴봐 달라고 부탁한다. 그러면 무녀는 이것은 어떤 신이 앙화를 입힌 것이라든가 혹은 자신이 환자 집에 가서 현장을 보지 않고서는 알 수 없다고 대답한다. 그래서 2, 3원圓의 사례금을 보내면 기도를 해 준다. 만약 환자 집에서 기도라도 하게 되면 사례금이 비싸지고 기도의 의식은 사례 여하에 따라 융성하게 거행된다.

◎ 그때 병의 원인이 사망한 친척의 영혼이 붙었기 때문인 것이 되면, 대체로 까다로운 기도가 되지만, 보통의 영혼 때문이라면 일상적인 음식을 길 밖으로 던져주면 영혼은 그것을 먹고 가 버린다. 그 경우 영혼이 정말로 병자에게 떠났는지 확인하기 위해서는 음식을 던진 후 부엌칼을 길에 던진다. 부엌칼 날이 밖을 향하면 영이 가 버렸다는 증거이며, 안쪽을 향하면 아직 도망가지 않은 것이다.

◎ 재산이 있는 한인은 이때의 기도를 자기 집에서 행하지 않고 어딘가의 신전神殿에서 행한다. 경성에서는 남산 국사당 정도가 된다.

암흑의 조선 병사자病死者의 기도

◎ 한인이 병사자에 대해 무녀에게 부탁하는 데에는 4단계의 순서가 있다.

◎ 첫째로 병중에 있는 단계로 병마를 퇴치하는 기도가 행해지는데, 이때 재산이 있는 자는 인근 신사神社에서 행한다. 보통 사람들은 자기 집에서 무녀를 부른다. 이때 무녀는 수행자를 데리고 온다. 그리고 병자 집의 모든 것을 제 것처럼 처리한다. 가족이나 지인 등을 일정한 장소에 앉히고 음식을 가득 차리는데 수행자는 술병이나 상자를 들고 앉는다. 그 안에 병마를 집어넣겠다는 의도로 무녀는 열심히 춤을 추기 시작한다. 이윽고 무녀에게 병마가 붙어 무녀는 여러 병마의 이름을 부른다. 그리고 병마를 향해 어서 이 병자의 병을 낫게 하라고 소리친다. 그렇게 하는 중에 병마는 무녀의 입을 빌려 병자로부터 병을 제거할 것을 맹세한다. 이윽고 무녀는 아무렇지도 않게 이제까지의 광태狂態에서 평소의 얼굴로 돌아온다. 그리고 차린 음식을 일동과 기세 좋게 먹는다.

◎ 다음으로는 병자가 양생養生이 불가능하여 결국 죽은 후에 행해지는 기도인데, 병사자의 영은 3일간 그 집에 머무른다고 구전되고 있다. 그래서 사자死者가 무엇인가 이야기하고 싶은 것이 있을 것이라고 생각될

때는 친척, 지인 일동이 그 집에 모여, 무녀를 부르고 무녀에게 사자의 영이 씌게 한다. 이때에도 많은 음식을 바쳐지고 무녀는 사자의 뜻을 중개하여 전한다. 이것이 끝나면 일동은 '아이고 아이고' 곡을 하여 충분히 배를 주린 후 음식을 먹어 치운다.

◎ 다음으로는 사자가 매장된 후의 기도이다. 이것은 매우 경사스러운 성격의 기도로 사자가 신의 사자使者에게 이끌려 타계의 주민이 되었다고 생각될 때, 무녀에게 부탁하여 사자가 곧장 극락에 들어가게 하여 모처럼 얻은 행운을 도중의 여러 방해로 놓치지 않도록 기도하게 한다.

◎ 또 하나의 기도는 장례식 이후 1개월이 지난 후, 사자의 친구들이 돈이 있으면 사자를 위해 추선追善을 행하는 경우이다. 이때 무녀에게 부탁하여 황천의 신을 불러내어 사자가 후세 오랫동안 편안할 수 있도록 기도하는 것이다. 이것은 상당히 규모가 커, 대부분은 사자의 집에서 가까운 대사大祠에서 거행되며 무녀는 궤 안을 장식하여 기도를 한다. 이윽고 영이 무녀에게 옮겨 붙으면 무녀는 사람들이 던지는 질문에 대해 모순당착矛盾撞着의 대답을 지껄인다. 그리고 사바에 살아남은 사람들이 많은 행복을 받도록 하겠다는 내용을 이야기한다. 그러면 이번에는 무녀는 황천의 신이 되어 이런저런 이야기를 한다. 다음에는 사자의 집을 지키는 신을 불러, 이 신에게도 생존한 가족들을 수호할 것을 맹세하게 한다. 마치 사자와 한나절의 회담을 하는 형국이다. 이것이 가장 화려하고 가장 흥미로운 기도가 되겠다. 낮에 시작해서 밤까지 행한다.

암흑의 조선 포창신疱瘡神

◎ 병의 신 중에서 가장 무서운 것은 포창의 신으로 성대한 제사를 지내 포창신이 들어오지 못하게 하고, 만약 들어왔다면 도망가도록 기도한다.

◎ 무녀의 중한 역할은 포창신을 처리하는 것으로 포창만은 직접 얼굴에 나타나며 대부분 생명과 관련이 있어 한인도 방심하지 않고 콜레라 이상으로 무서워한다. 그래서 한인은 집안에 포창에 걸린 자가 생겨, 그것이 얼굴에 나타나면 5일째에 집안 사람들은 일체 머리카락을 빗지 않고, 새로운 의복을 입지 않는다. 실내 청소를 하지 않고 대문 안으로 일체 새로운 물건을 들이지 않는다. 나무를 자르지 않고 손톱 역시 깎지 않는다. 콩을 삶지 않고 하수구가 막히지 않게 주의한다. 만일 위의 것들을 태만히 하면 병자는 맹인이 되고 또한 심한 곰보가 된다고 구전된다. 또 집안에서 바느질을 하면 병자는 참을 수 없는 가려움 증세를 일으킨다. 또 우지가미氏神나 조상의 영에 공물을 바치면 포창신의 노여움을 받는다. 아이 밥에 팥을 섞으면 병자의 얼굴이 일생 팥 얼굴이 된다고 해서 이때만큼은 한인들은 하얀 쌀밥을 아까워하지 않고 먹는다. 그리고 동물은 절대로 죽이지 않는다. 죽이면 그 벌로 환자는 손톱으로 얼굴

을 긁게 되고 그 결과 병이 한층 심해진다. 세탁이나 종이를 바르는 일을 해서는 안 되는데 이는 환자의 코가 막히는 원인이 된다고 구전된다.

◎ 이렇게 근신을 해서 9일째가 되면 손톱을 자르거나 벽에 종이를 바르거나 동물을 죽이는 일 외에는 어떤 일을 해도 무방하다. 이후 13째에는 포창신은 완전히 환자로부터 떠난다고 한다. 이 날에는 상당한 양의 음식을 준비하여 포창신에게 바친다. 그리고 나뭇조각으로 말을 만들어 그 등에는 쌀과 동전이 들어 있는 짚 주머니를 동여매고 빨간색 양산과 5색 7색 깃발을 붙여 지붕에 올려놓는다. 그렇게 하면 포창신은 이 말을 타고 떠나 버리는 것이다. 이 날에는 무녀는 그 집에 와서 성대한 의식을 통해 환자를 위로하고 바라건대 얼굴에 마마자국이 남지 않도록 포창신에게 기원한다.

암흑의 조선 용신제 龍神祭

◎ 조선에는 도처의 하천 및 만灣이 모두 용신의 처소로 되어 있다. 그리고 강줄기 부근에 위치한 마을들은 모두 매년 일정한 계절에 용신제를 한다.

◎ 마을뿐만이 아니다. 모든 선박, 즉 범선, 어선, 도선渡船, 군함, 부선艀船에 이르기까지 모두 용신을 외경하는 의식을 행하는 것이다.

◎ 용신제를 행하는 연유는 용은 비를 관장하는 신으로, 농사를 성공시키기 위해서는 반드시 용신의 힘을 의지하지 않으면 안 된다는 것이다.

◎ 따라서 용신제는 작은 배 안에서 무녀가 제주祭主가 되어 행해지는데, 마을 사람들은 가능한 한 많은 인수가 작은 배에 타게 한다.

◎ 이때, 무녀가 받는 사례는 한인에게는 놀랄 만큼 큰 액수로 한 번의 제사에 약 40원이다. 그리고 이 제사에서 무녀는 물을 가득 채운 항아리 위에 걸친 칼 위에서 열심히 춤을 춘다. 이 칼은 실제로 날이 있는지 없는지는 알 수 없지만, 아무튼 시퍼렇게 잘 갈린 듯이 보이며 용신 덕분에 무녀는 한나절 정도의 춤만으로 1년분의 생활비를 번다는 사실만큼은 확실하다.

◎ 또 바다에 접한 지역의 배 안에서 용신제를 행하는 경우에는 무녀는 기도를 통하여 용신 및 익사자의 영을 부른다. 그리고 해상을 고요하게 하고 안전한 항해가 될 수 있도록 탄원한다.

◎ 어선의 용신제의 경우, 간단한 의식을 통해 그 지방의 어선 전부를 대표한다. 그때 무녀는 용신에게 인간이 바다에 나가 용신의 신복臣僕인 어류를 포획하는 것은 죄악이지만 인간은 생선을 먹고 생명을 유지하지 않으면 안 된다는 사실을 자백하고, 더 나아가 어민들을 가엽게 여겨 많은 물고기가 잡힐 수 있도록 해 주기를 탄원한다.

◎ 도선渡船은 조선의 경우 하천에 다리가 적기 때문에 매우 중요하다. 그리고 매년마다 우매한 한인들은 무리하게 많은 사람이 승선하여 그로 인해 도선이 침몰해 몰사沒死하는 일이 많다. 그런데 중요한 도선장의 용신제를 보면 실로 요란하여 그 광경이 기가 막힌다. 한 척의 작은 배에 지붕의 용마루처럼 배 길이와 같은 장재長材를 붙들어 매고 그 외에 여러 가지 화려한 만선滿船 장식을 한다. 조선풍 장식이기 때문에 언뜻 보면 괴상한 느낌을 준다.

◎ 무녀는 이 작은 배에 많은 사람들과 함께 타서 해안을 떠나 바다 위로 나간다. 그리고 배 안에 준비해 둔 음식물을 다량으로 바다 속에 던져 용신에게 바친다. 이윽고 무녀는 수상쩍은 주문을 외우고 신기神氣로 흥분한 상태가 되어 그야말로 주술에 몰입하는데 이번에는 익사자의 영에 씐다. 그리고 무녀는 야차와 같은 형상을 드러내고 배에 붙들어 맨 장재長材에 뛰어 올라가 있는 대로 고함을 지르며 춤추며 돈다. 이 춤은 1시간이나 계속되며, 배가 해안에 닿으면 이번에는 무녀는 해안가의 버드나무로 달려가 꼭대기에 오른 뒤 떠는 목소리로 슬픈 듯이 울며 외친다. 그리고 자신은 어두운 물속에 갇힌 익사자의 영으로 오늘은

행복하게도 사바娑婆 세계의 빛을 보고 있노라고 외치며, 사방을 조망하는 흉내를 내고 곧 지상에 내려온다. 그동안 무녀는 이를 악물고 목이 터질 정도로 있는 목소리를 다 내어 절규하는데 실로 이보다 더한 광태狂態가 없다.

◎ 이전 조선이 중국에 조공을 바치던 시절에는 사절의 종자들이 무녀의 기도를 무척이나 영험이 있다고 믿었다. 일국의 사신이 미신 때문에 무녀에게 매달렸으니 크게 존엄성을 훼손시켰다고 할 수 있다. 이때의 기도에는 4, 5명의 무녀가 참가한다. 그리고 용신에게 사절 일행을 수호하여 안전하게 귀국할 수 있도록 기도하는데, 이때는 침묵으로 일관하여 언어를 사용하지 않고 단지 행동으로 의미를 나타낸다. 마치 유치한 연극과 같다. 무녀 한 사람이 사절이 되고 또 한 사람이 재상이 된다. 사명을 내리고 도중에 사고 없이 명을 다하고 안전하게 돌아오라는 의미를 행동으로 보이는 것이다.

◎ 우리나라에도 종종 이야기되듯이 소녀를 용신에게 바쳐 풍작을 기원하는 식의 습관은 조선에서도 지금의 이조 시대 초기까지만 해도 곳곳에서 행해졌는데 이것이 무녀의 역할이었다. 소녀를 늪의 용신에게 바치는 일이 허다했으니 무척이나 비참한 일이 아닐 수 없다. 그런데 현명한 군수가 있어 무녀에게 산 인간을 용신에게 바치는 일이 진정 필요한가 하고 묻자 "확실히 용신은 매우 기뻐하여 오곡을 풍성하게 해 주신다." 라고 답한다. "어떻게 자네는 그것을 아는가?" 하고 묻자, 무녀는 위세 좋게 "저는 용신의 친우이기 때문에 용신의 마음을 잘 헤아립니다."라고 답한다. 군수는 크게 꾸짖으며 "옳거니. 그런 친우관계라면 자네들 중 누군가가 용신의 희생물이 되면 용신은 더욱 기뻐하지 않겠느냐?' 하며 종자로 하여금 무녀 한명을 물속에 던져 넣게 하였다. 하지만 용신이

그것을 기쁘게 받아들인 형적形迹이 보이지 않아, 두 번째의 무녀를 던져 넣었는데 이것도 역시 하등의 효력이 없었다. 그래서 세 번째의 무녀를 던졌는데 이 또한 효력이 없었다. 이 후로 무녀의 세력은 완전히 쇠퇴하여 지금은 최하등의 인간으로서 표면적으로는 사회로부터 도외시되게 되었다. 하지만 무지문맹한 자들은 미신에 빠져 몰래 무녀를 신봉하고 있다. 그 습관은 사회 일반에 침투하여 무엇인가 어려운 일이 있으면 한심스럽게 무녀에게 의지한다. 지금도 여전히 무녀의 세력은 무시할 수 없다고 한다.

암흑의 조선 **수험자**修驗者

◎ 남자 맹인의 수험자를 조선인은 판수[1]라고 한다. 무녀가 무수한 영혼과 사이가 좋고 그 기도는 이들 영혼과 화해를 하여 그 앙화를 누그러뜨리는 것과는 반대로 수험자의 역할은 영혼과 맞서서 이를 추방한다. 무녀는 예로부터 존재했지만 수험자는 2, 3백 년 전에 생겼다고 구전된다.

◎ 수험자는 점쟁이와도 비슷해서 사람의 운세를 판단하는 것이 주된 역할인 듯하다. 가령 이 재판은 이길 수 있는지, 이 사람은 무죄방면이 될 것인지, 곧 좋은 운세가 오는지, 이 사업은 성공하는지, 올해는 어떤 화가 오는지, 몇 월에는 어떤 일이 일어나는지라든가 행방불명자, 분실물의 소재, 그 외 내일의 날씨는 어떠한지 등등 일본의 점쟁이와 거의 비슷한 자 같다.

◎ 한민은 오랜 기간 잘 낫지 않는 악성의 병에 걸려 좋은 약으로도 치유가 되지 않으면 이것은 "귀신의 소행이다, 귀신에 씌었다"라고 해서, 귀

---

1 판수라는 말의 유래는 확실하지 않으나 조선 성종成宗 때의 대제학大提學 성현成俔의 『용재총화慵齋叢話』에 보면 "장님 점쟁이로서 삭발한 사람을 세상에서 선사禪師라고 하는데, 판수라는 이름으로도 불렀다."라는 것으로 보아 중과 같이 머리를 깎은 소경 점쟁이를 일컬은 것으로 보인다. 소경 점쟁이들은 대개 산통算筒·송엽松葉 등으로 육효점六爻占을 쳤음.

신을 쫓아내기 위해 이 수험자에게 의지한다.

◎ 이 수험자는 병자의 집으로 가서 귀신 조복의 수법을 행하기 때문에, 그 집에서는 방의 벽에 무슨 무슨 귀신이라고 무수한 귀신 이름을 적은 종이를 붙인다. 빨간 종이에 써서 문에까지도 붙인다. 한편 수험자는 왼손에 둥근 징을 들고 오른손에 당목撞木을 쥐고 연신 징을 쳐 댄다. 그 앞에는 헝겊으로 된 작은 귀신 인형이 있어, 한 남자가 그것을 내밀면 또 다른 한 남자가 짧은 막대기를 들고 위협한다. 이 두 사람은 눈이 정상인 보통 인간으로 조수인 셈이다. 옆에는 술병이 준비되어 있는데, 수험자는 징을 치며 귀신 인형을 향해 "아직 들어가지 않고 있느냐, 빨리 술병에 들어가 버려라" 하고 호통을 친다. 즉 종이에 쓴 귀신 이름으로 집안에 깃든 모든 귀신을 불러들여, 준비한 인형으로 하여금 그 영혼을 대표하게 하고 징을 치고 막대기로 위협하여 귀신들을 술병에 집어넣고 봉인해 버리겠다는 심산이다.

◎ 이 기도는 3일 밤 계속되는데 수험자에 대한 답례금은 최저 7원이다. 후한 경우 돈 이외에 풍성한 음식을 내고 또한 의류 한 벌을 만들어 바친다. 한인생활에 7원은 우리로 따지면 2, 3십 엔 이상에 해당한다. 따라서 이 기도는 정말로 난병에 걸린 병자에게만 행해지는 것 같다. 수험자는 맹인 남자만이 행하는 상행위인데, 굳이 이 맹인은 신통력을 가지고 있지 않다. 정말이지 한인의 미신인 셈이다. 일본의 야마부시山伏[2]와 비견되겠다.

---

2 주법呪法을 닦고 영험靈驗을 얻기 위해 산속에서 수행을 하는 슈겐도修驗道의 수행자. 슈겐 도는 나라奈良 시대의 엔노 오즈누役小角를 시조로 하는 밀교의 한 파.

 월식月蝕

◎ 조선의 미신에 의하면 월식은 하늘의 개가 달을 먹는 것이라고 구전되고 있다. 그래서 그들은 월식 때 언덕이나 혹은 집 부근에 모여 춤을 추거나 도약하면서 연신 타악기를 사용하여 하늘의 개를 위협하여 추방하려고 애쓴다. 이때의 광태는 실로 기이하기 짝이 없는 것으로 금후 월식 때 성 밖의 시골로 나가 친히 견학하시길 바란다.

암흑의
조선 길흉판단吉凶判斷

◎ 조선인은 운세에 대해 매우 신경을 쓴다. 그래서 여러 가지 것이 사람에게 행복을 초래한다고 믿는다. 첫 번째는 뱀으로 여러 마을에 뱀을 모시는 장소가 있다. 집 부근에 큰 뱀이 나오면 길조라고 해서 크게 기뻐한다. 그 외에 뱀, 두꺼비, 족제비 등을 보는 것도 행운이 올 전조라고 여겨지고 있다. 그러나 이들 동물은 수년이 지나면 신통력을 얻어 둔갑하여 사람에게 화를 입힌다고 한다.

◎ 매년 정월에 한인은 작은 볏짚인형을 만들어 그 속에 약간의 엽전을 집어넣고, 이것을 아이들이 많이 놀고 있는 길거리에 던진다. 모든 아이들은 다투어 그것을 집어 속의 엽전을 꺼내기 위해 서로 잡아당기게 되고, 인형은 갈기갈기 찢어져 버린다. 이것은 악운의 영을 부수어서 사람에게 해를 입히는 힘을 아주 없애 버리기 위한 주술이다.

◎ 장소에 따라서는 인민은 자신의 집 입구에 모자나 옷을 걸거나 혹은 헌 짚신이나 생선머리 등을 걸어 놓는다. 이것은 문의 신이나 집 안의 여러 신을 형상화한 것이다.

암흑의 조선 천변지이天變地異

◎ 조선에는 천변지이에 관한 미신이 매우 많다. 무엇인가 일이 일어나기 전에는 반드시 전조가 있다. 반개화의 국민의 종교는 공포가 그 근원에 있다. 국가 멸망의 전조로는 다음과 같은 것이 있다. 중국식으로 왕궁의 마루를 백귀百鬼가 밤마다 돌아다니며 "나라가 망한다."라고 외친다. 그 것이 새벽 첫닭이 울면 모두 땅속으로 사라진다. 그래서 그 사라진 곳의 땅을 갈아엎으면 거북이 나타난다. 그 등에는 "천일天日이 땅에 떨어졌다."라는 문자가 새겨져 있다.

◎ 이것도 국가 멸망의 전조이다. 호랑이가 산에서 내려와 서울 거리를 배회한다. 해수가 피와 같이 빨갛게 변한다. 유성이 보이고 혜성이 나타나고 월식이 있다. 국왕의 행차 때 백호白狐가 길을 가로질러 간다. 빗속에 벌레가 섞여 내린다. 겨울 햇살에 천둥이 친다. 과수가 가을에 꽃을 피운다. 사당에서 밤마다 비명이 들린다. 성문이나 전당殿堂의 문이 하룻밤 만에 바람에 날아가 버린다. 구름이나 안개가 종횡으로 떠서 서로 싸우는 형태를 보인다. 이상의 것은 모두 복멸覆滅, 재해, 불행의 전조이다.

암흑의 조선 **조선의 의사**

◎ 건제乾劑라고 써 붙여져 있는 것은 매약점賣藥店으로 의사가 아니다. 의사는 문에 '신농의 유업神農之遺業'이라는 간판을 내걸고 있다. 중국에서는 신농씨가 백초百草를 맛보고 비로소 의약醫藥이 생겼다고 한다. 즉 의업은 신농의 유업인 것이다.

◎ 이런 의미에서 닥터들은 히포크라테스의 유업遺業이라고 서양 문자의 간판을 내거는 것이 타당하겠다. 순천당順天堂 따위는 점쟁이처럼 들린다.

◎ 쓸데없는 이야기는 그만하기로 하고, 아무튼 조선의 의사는 보통 사람과 같은 복장을 하고 굳이 진찰기를 들지 않는다. 손으로 맥을 보는 것이 유일한 방법이다.

◎ 참고로 우리 의원醫院에 가져온 한국의 부인의 병상기록은 다음과 같다.

모 부인, 나이 32

병록病錄

당초부터 임신을 하지 않았고 7, 8년 전부터 심화병心火病[1]이 생겼다.

---

1 한의학 용어. 같은 말로 심화心火가 있다. 마음속의 울화로 몸과 마음이 답답하고 몸에 열이 높아지는 병.

수족에 화열火熱이 있고 콧속에 화열이 있는데 비홍鼻紅[2]은 봄, 여름에 가장 심하고 가을, 겨울에 조금 누그러진다. 아랫배에 온담溫痰[3]이 있는 듯하며, 대변은 하루 이틀 사이에 한 번 하는데 건조하고 색이 검으며 돌처럼 딱딱하다. 온약溫藥을 먹으면 곧 열기熱氣가 증가하고, 양약凉藥을 먹으면 곧 아랫배가 심하게 차진다.

복약服藥 3일간의 동정

복약 다음 날 설사를 2번 하였는데 대변이 매우 뜨겁다. 그 다음 날 또 이와 같았으며, 근력筋力 손실은 없고 심신이 청상淸爽하여 약을 먹자 곧 바로 수족과 콧속의 화열이 금방 수그러들더니 잠시 후 다시 열이 그전과 같다.

이것은 자궁암의 징후 같은데, 진찰하기를 거부했다.

◎ 한국의 의서醫書는 대부분 중국에서 전래된 신농神農의 유업인데, 그중에는 한인의 독창적인 견해에 의해 만들어진 의서나, 제자에게 구전으로 전수한 비전秘傳 등이 사본寫本의 형태로 남아 있는 것이 있다. 이것들은 실로 한인풍의 밑도 끝도 없는 상상에 의지한 설이 대부분이며, 어처구니없는 내용이 난해한 한자로 기술되어 있다. 그러나 의약醫藥의 경우는 오랜 세월 경험에서 얻은 것으로 풀뿌리草根, 나무껍질木皮의 배제配劑가 그런대로 모습을 갖추고 있다. 인삼은 비싸기 때문에 양반만이 사용한다. 이하 간단하게나마 한인이 미신적으로 사용하는 진묘珍妙한 약품을 소개하기로 한다.

---

2 한의학 용어. 같은 말로 비사鼻齄가 있다. 코의 혈관이 확장되어 붉어지고 두툴두툴하게 되면서 혹처럼 커지는 병.
3 한의학의 열담熱痰 혹은 화담火痰을 이르는가? 열담은 담음痰飮의 하나. 본래 담이 있는 데다 열이 몰려 생기는데, 몸에 열이 심하고 가슴이 두근거리며 입이 마르고 목이 잠김.

◎ 인간의 소변은 부인의 기침이나 다량의 월경, 산후 현기증, 그 외 열성熱
性 부인병에 조석으로 사용되며 또한 장수의 비약으로 즐겨 사용된다.

◎ 소변의 제제製劑는 다음과 같다. 즉 인간의 소변을 3년간 도기 단지에
넣어 두면 침전하여 갈색을 띤 하얀 앙금이 생긴다. 이것을 조선의 의사
는 인중백人中白이라고 해서 부인의 해열제로 소중하게 사용한다.

◎ 부인의 월경도 일종의 약제로 즐겨 사용된다고 하니 배설물 이용도
조금 잔혹한 감이 든다. 이것은 검게 태워 분말로 만든 영원蠑蚖⁴의 효험
과 같은 것이 아니라 자강환滋强丸과 같은 강장제로 즐겨 사용되며, 때로
는 독약 대신 사용되기도 한다. 즉, 칼에 월경을 발라 사람을 베어 작은
상처라도 나면 반드시 죽일 수 있다고 믿어지고 있다. 특히 첫 월경은
홍연紅鉛이라 해서 소녀의 빈혈증, 식욕부진, 월경폐쇄 등의 특효약으로
매우 귀중한 약으로 중시되고 있다.

◎ 남녀의 다리속곳⁵의 정확히 음부에 해당하는 곳을 사방 6촌寸 정도 잘라
내어 검게 태워 물에 담가놓고, 산후産後 태아를 싸고 있는 막膜과 태반胎
盤이 나오지 않을 때 복용하면 귀신같이 치료된다고 하니 신농 님도
후대의 의사에게 질려 지금쯤 초근목피草根木皮에 둘러싸여 혀를 내두르
고 있을 것이다. 그러나 이것은 한인의 독창적인 신약으로 인곤당人裍襠
이라고 하는 엄숙한 약명이 붙여져 있다.

---

4 영원은 도롱뇽과 비슷한데, 영원의 암컷과 수컷을 까맣게 태워 가루로 만든 것을 분말로
만들어 좋아하는 사람에게 몰래 마시게 하면 연모하는 마음이 생긴다고 함(미약媚藥의
하나로 침).

5 원문은 남자의 음부를 가리는 폭이 좁고 긴 천의 뜻을 '훈도시褌'라고 되어 있는 바, 다리속
곳으로 번역하였다. 다리속곳은 전통복식의 아래 속옷 중 가장 밑에 입는 옷으로 속속곳이
나 바지가 더러워지는 것을 막고 자주 빨 수 있도록 작게 만들어 입었는데, 홑으로 된
긴 천에 허리띠를 달아 차도록 되어 있다. 속속곳이 없어지면서부터 흔히 입었으며 살에
직접 닿는 것이므로 계절에 관계없이 흰 무명이나 모시, 베 등을 사용하였다. 1920년 무렵
부터는 무명으로 된 짧은 팬티로 대체되었음.

◎ 인간의 대변도 큰 열의 묘약으로 즐겨 사용되고 있다. 구소 구라에糞喰え[6]란 싸움 상대가 갑자기 큰 열이 나서 주체를 못할 때의 응급처치임을 생각하면 이 점에서 도쿄 사람이나 조선인이나 같다고 할 수 있다. 그러나 조선의 경우는 대변을 그대로 날것으로 해서 입맛을 다시지는 않는다. 훌륭한 제조법이 있다. 그 방법은 매우 정중한데, 우선 이것을 햇빛에 쐬어 건조시킨다. 그것을 약연으로 충분히 분말로 만드는 것이 좋으며, 이렇게 한 후 뜨거운 물에 담가 꺼내어 부인의 해열제로 복용하는 점은 가루차를 마시는 방법과 같다. 또 다른 방법으로는 인분을 건조시켜 이것을 찐다. 향기가 실내에 가득해지면 이것을 물속에 넣고 오랜 기간 보존하여 침전물의 윗부분에 생긴 맑은 물을 병에 담는다. 이것을 파관탕破棺湯이라 이름 짓고 부인의 큰 열의 묘약으로 사용한다. 신농님이 코를 막고 도망갈 일이로다.

◎ 또한 소변에서 인중백을 만들어내는 이상, 대변에서 인중분人中糞을 만들어내는 일 또한 전혀 이상한 일이 아니다. 그러나 이 또한 제조법이 한국 의사의 비전秘傳으로 전수료가 비싸다. 여기서 살짝 공개하면 우선 12월 초순에 청죽青竹 두 마디를 잘라 겉껍질을 완전히 벗겨낸다. 그리고 그 안에 인분을 넣고 그 위에 감초를 조금 넣어 오랫동안 땅 속에 묻어둔다. 그리고 완성된 것을 햇빛에 말리면 신묘한 약이 되는 것이다.

◎ 도쿄 사람이 흔하게 쓰는 "손톱의 때를 끓여 마셔라"[7]라는 말도 조선 의약에서 전래된 것인 듯한데, 꽤나 확실한 근거가 있다. 왜냐하면 조선에서는 인간의 손톱 특히 임산부의 손톱은 해산할 때 거의 모든 경우에

---

6 '구소 구라에'는 '똥을 먹어라'의 의미로 상대방을 욕하는 일본어.
7 훌륭한 사람의 손톱의 때를 약으로 해서 마신다는 의미로 훌륭한 사람을 본받아 그 사람의 좋은 점을 자신의 것으로 만들기 위해 노력한다는 관용구로 사용되고 있음.

사용되는 약품으로 안산安産의 효과가 절대적이며 또한 두통을 완화시켜 조속한 분만을 하는 데에 특효약으로 사용되고 있다.

◎ 다음으로 한 단계 내려와 모든 조류鳥類의 대변은 모두 약품이 된다. 이렇게 되면 대변의사의 처방으로 부인들의 수명이 단축될 뿐이라고 생각하는 사람도 있겠지만, 부인들은 똥냄새가 진동하는 집안에 살고 있는 인종인지라 이래도 어떤 효과가 있는 모양이다.

◎ 다음으로 수류獸類의 경우인데 한인 부인들이 약품으로 많이 복용하고 있다. 우선 소의 귀지와 코는 부인의 방광병과 요도염에 특효약. 소의 침, 특히 늙어서 쇠약해진 소의 거품이 많은 침은 임산부의 구토, 즉 입덧의 묘약으로 사용되며 소의 음경은 백대하白帶下[8]의 특효약, 소의 소변은 장만腸滿의 묘약. 송아지의 대변은 악취가 나는 대하帶下의 즉효약으로 진중된다.

---

8 자궁이나 질벽의 점막에 염증이나 울혈이 생겨서 백혈구가 많이 섞인 흰색의 대하가 질로부터 나오는 병. 또는 그 분비물.

암흑의 조선 조선의 장례식

◎ 조선인은 방이 바뀌면 병이 낫는다고 생각하기 때문에 병자가 위독해지면 반드시 방을 바꾼다. 숨을 거두려는 병자야말로 재난이다. 더 이상 희망이 없다고 보이면 원래의 방에 들여놓고 이번엔 병자의 입에 푹신푹신한 면을 놓는다. 이 면이 전혀 움직이지 않게 되면 병자가 숨을 거둔 때다. 그러나 그때 바로 '아이고'를 시작하지 않는다. 왜냐하면 사자의 영혼이 아직 그 주변에 방황하고 있기 때문에 이를 방해해서는 안 된다고 하는 배려가 있기 때문이다.

◎ 사후 1시간이나 지나면 사람들은 그 방에 모인다. 그리고 연신 '아이고, 어머니'를 시작한다. 그 소리는 멀리 수 정丁 밖까지 들린다. 조선인은 꽤나 목소리가 좋다. 1시간이나 울고 나면 친척이나 친구가 사자를 지키고 집 식구는 모두 방을 나간다. 그리고 집의 충복이나 이웃집 사람이 사자의 의복을 가지고 지붕에 올라가 북쪽을 향해 3번 이 옷을 흔든다. 그리고 우선 '누구'라고 사자의 이름을 부른다. 두 번째 휘두를 때는 사자의 지위를 정正 몇 품, 종 몇 품 식으로 부른다. 세 번째에는 당인은 오늘 지금 죽었다고 소리친다. 이것은 천지에 대해서 그 사람의 죽음을

고함과 동시에 사자의 영에게 그 죽음을 고하기 위함이라고 한다. 어울리지 않는 정성스러운 선고이다. 이 선고가 끝나면 지붕에서 내려와 그 옷으로 사자를 덮는다. 이렇게 해서 이번에는 가족 일동이 방에 들어와 크게 통곡한다.

◎ 조선의 관은 장방형의 상자로 일본식의 통은 사용하지 않는다. 그리고 관 안은 깨끗하게 종이를 발라 놓는다.

◎ 기중忌中에는 장신구를 모두 떼고 머리카락을 풀어 내려뜨리고 죽을 먹는다.

◎ 사자의 생전에 빠진 이나 자른 손톱 등은 평소 소중히 간직해 두었다가 관에 함께 집어넣는다. 그리고 친족, 지인이 모여든다. 그때 남자는 동쪽에 나란히 앉고 여자는 서쪽에 앉는다. 이렇게 또 한바탕 '아이고, 어머니'의 합창이 시작된다. 사자는 새 옷으로 감싼다.

◎ 3일째에 관에 넣는다. 바닥에는 쌀겨가 깔리고 위에는 사자의 의복으로 채워진다. 관은 모두 소나무 재료로 만든다.

◎ 사후 4일째에 친척, 지인을 모아 집안사람이 상복을 입는다. 이 의식이 끝나면 일동은 사자를 둔 옆방에 모여 남자는 동쪽에 앉고 여자는 서쪽에 앉아 아이고 하며 통곡을 한다. 그것이 끝나면 상중의 사람도 일반 음식으로 돌아간다.

◎ 드디어 매장인데 빠르면 5일째 혹일 7일, 9일째에 행해진다. 그러나 대관大官의 경우는 1개월 혹은 3개월이나 지난 후에 매장한다고 한다.

◎ 묘지 선정은 지관地官이라 해서 묘지를 점치는 자가 있어 이 자에게 일임한다. 매장 전날 상주는 지관과 동행하여 마을 밖 언덕에 묘지를 선정하고 산신에게 술과 음식을 바치고 이 땅에 묘지를 만들 것을 보고한다. 그리고 집으로 돌아와 사자를 향해 큰 소리로 당신의 묘지는 정해

49

졌다고 고한다. 묘혈 바닥에는 석회를 집어넣어 바닥을 단단하게 한다.

◎ 장례식에는 크게 마음먹고 비용을 쓰기 때문에 그로 인해 가산을 탕진하는 예가 드물지 않다.

◎ 장례 행렬이 집을 나가는 것은 대부분 조금 어두운 저녁 무렵이다. 등불이나 횃불을 흔들며 간다. 경성 시내의 매장은 금지되어 있고 또한 동쪽으로 수구문, 서쪽으로 서소문으로만 장례행렬이 성 밖으로 나갈 수 있다. 행렬이 묘지에 이르면 관은 그대로 두고 참석자는 멀지 않은 집에서 밤을 보내거나 임시로 만든 가건물에서 노숙을 한다. 다음 날 아침이 되면 관을 꺼내어 술과 음식을 바치고 일동이 교대로 통곡을 한다. 이것이 끝나면 관을 묘혈에 넣어 묻는다. 묘는 모두 언덕의 남쪽 경사에 위치하며, 봉분을 한 무덤이다.

◎ 하층민의 경우는 마음대로 어디든 매장하기 때문에 시간이 지나면 개나 여우가 이것을 파헤쳐 뼈를 입에 물고 다니는 예도 적지 않다.

◎ 귀인이나 대관의 묘에는 인간이나 동물의 석상이 세워진다. 그리고 묘석은 테이블 형태로 하며 그 위에 술과 음식을 바친다.

50

묘소

암흑의
조선

◎ 한인의 묘소는 각 마을 근처 언덕의 남쪽 경사면에 히나단離壇[1]과 같이 계단식으로 되어 있다. 그 형태는 뒤쪽으로 병풍을 친 듯한 반원형 안에 둥글게 둔덕을 쌓아 올렸다. 이것이 언덕의 정상에서 아래쪽으로 죽 계단식으로 늘어서 있다. 잡목도 없는 아름다운 잔디 언덕이기 때문에 매우 기분이 좋고 조금도 음습하지 않다.

◎ 관은 장방형의 침관寢棺으로 묘혈은 보통 조선척朝鮮尺으로 6척 5촌의 깊이이다.

◎ 지관이라 부르는, 묘를 점치는 자가 있어 인민은 모두 이 지관에게 어디에 사자를 매장하면 좋을지 부탁한다. 그러면 지관은 묘지로 지정된 언덕 위에 올라 자석을 가지고 방위를 감정하면 이 감정에 따라 매장한다.

◎ 부부는 나란히 매장하며 관과 관 사이의 흙에 둥근 구멍을 뚫는다. 이 구멍을 통해 부부의 영이 서로 교통할 수 있다고 한다.

◎ 사원의 묘지와 달리 이 언덕은 일반적으로 마을 밖 전망이 트인 놀기 좋은 장소로 되어 있다. 조선의 절에는 묘지가 없는 것이다.

---

1 히나마쓰리는 3월 3일 여자아이의 행복을 비는 행사로 감주·떡·복숭아꽃 등을 차려놓고, 작은 인형을 제단에 장식한다. 히나단은 인형을 장식하는 단으로 계단식으로 되어 있음.

◎ 매장 후 3년간은 매일 언덕 위의 묘지에 가서 일가친척들이 아이고 아이고 목을 놓아 통곡하는데 3년 후에는 형식적인 통곡을 한다. 이 형식적인 통곡은 일종의 노래로, 그 가락이나 성음聲音은 어지간한 연습으로는 해낼 수 없다. "아이고 어머니, 엉엉, 아이고 죽겠네, 엉엉" 하며 가늘고 애달픈 미성으로 엉엉 흐느끼는 연기는 정말이지 듣기에 묘미가 있다.

◎ 명일 외에 한민의 일반적 풍속으로는 7월에 한 번, 8월 15일에 한 번, 연 2회 묘를 참배한다. 그때에는 술과 안주를 가지고 가서 서로 겨루기라도 하듯 미성으로 예의 "아이고, 어머니, 엉엉" 울고는 그 주변의 잡초를 말끔하게 벌초한다. 그리고 주연을 시작한다. 불교식과는 달라서 정진精進 요리의 비린내 나는 음식을 기피하지도 않고, 7월 8월의 염천하에 사방이 광활한 언덕 위에서 선조의 영을 제사지내는 것을 보면 실로 쾌활하다 할 수 있겠다.

◎ 그런데 이 무덤 속에 이상이 생기면 집안사람이 역병에 걸린다고 구전되어 오기 때문에 오랫동안 병에 걸린 자가 있으면 예의 지관이라는 묘를 첨치는 자에게 가서 부탁을 한다. 그러면 지관은 예의 큰 원형의 자석을 분묘의 봉토 위에 올려놓고 점을 본다. 그리고 이상이 없으면 없다고 하고, 있으면 있다고 하며 그 이유를 설명하는데, 그 묘의 바닥에는 물이 고였다든가 이 묘 속의 사체가 새까맣게 탔다든가, 이곳은 방위가 나쁘기 때문에 묘지를 바꾸어야 한다든가 하기 때문에 묘를 파 보면 그 말이 대부분 맞다고 한다. 이 지관이란 자는 대단히 박식하며 묘를 점쳐 유복한 생활을 한다고 한다.

◎ 한인의 결혼

◎ 한인은 결혼 약속이 성립되면 그 날부터 아래로 내려 땋은 머리를 다발로 묶어 말총으로 만든 갓을 쓴다. 12, 13살로 어른입네 갓을 쓰고 가는 모습을 보고 있노라면 실로 우스꽝스럽다. 가령 소학교小學校 학생이 실크모자에 프록코트를 입고 일가의 가장입네 점잖은 척 걷는다고 상상하면 웃길 것이다. 이상하게도 아직 동거도 하지 않으면서도 자신에게는 부인으로 정해진 여자가 있다고 자각하면 마음이 갑자기 조숙해져 버리는지 12, 13세의 꼬맹이가 영감행세를 하며 거만하게 가마를 타고 몸을 뒤로 젖히고 가는 모습은 애교에 넘친다.

◎ 그러나 오늘날에는 부부 동거는 남자 16, 7세 정도부터 시작하는 모양으로 12, 13세의 남자아이와 8, 9세의 여자 사이는 단지 혼약만으로 각자 자기 집에 거한다. 그리고 23세까지도 결혼하지 않는 자는 적기 때문에 청춘남녀 간의 이른바 자유연애는 더욱이 활발할 수 없다. 남녀 모두 대부분은 부모가 정한 혼약을 통해 상대를 맞이하기 때문에 전신에 끓어오르는 정열에 맹목적으로 여학생 뒤꽁무니를 따라다니는 귀찮은 일을 할 필요가 없다. 성장하여 성에 눈뜨게 되면 부모가 정한 청약자가

53

곧바로 동거할 뿐으로 이 점에서 번민도 없다. 세상을 혐오하여 한강이나 인천바다에 "뜻대로 되지 않는 슬픈 세상이여"라고 해서 동반자살에 이르는 일도 일어나지 않는다. 따라서 위대한 사상도 위대한 문학도 태어나지 않는다. 이를테면 그들은 정념의 불꽃을 양육할 기회가 없다. 가난한 사람 이외에는 한국의 청년의 마음에 불꽃이 일어나는 일은 없는 것이다. 이래서는 의지도 오기도 생길 수 없으니 게으름과 안일만을 일삼는 것도 무리가 아니다.

◎ 이미 부모가 정한 혼약이 남녀 양가에 이루어지면, 또 젖 비린내 나는 12, 13세의 소년이 머리를 묶어 갓을 쓰고 일약 성인의 자격을 얻는다. 처와 동거하는 것은 앞으로 수년 후라 할지라도 그들은 총각이라 불리지 않고 영감님이라 불린다. 일본인으로부터는 '여보'라 불린다. 지금부터 10여 년 전 조혼을 금지하고 남자는 20세, 여자는 16세라는 법이 나왔지만 지켜지고 있지 않다.

◎ 남녀 배우자의 선정은 완전히 부모의 권리에 속하여 우선 집안이 어울리는 집의 처자를 찾아 그 집의 가계를 조사한 후 어머니가 그 집의 손님으로 가서 친밀하게 그 처자의 소행을 살펴보고 은밀히 중매쟁이를 세워 며느리로 들이고 싶다는 뜻을 전달하게 한다. 그러면 처자 쪽의 아버지는 사위가 될 청년의 소행을 살피기 위하여 그 집에 놀러 간다. 이렇게 해서 쌍방의 부모의 양해가 이루어지면 남자 쪽 아버지로부터 여자 쪽 아버지에게 사주四柱라고 해서, 태어난 연월일과 시간을 두꺼운 종이에 써서 느티나무에 끼워 빨간 실로 묶어 금전사金錢絲로 장식하여 보자기에 싸서 보내는 것이 예의다. 이에 대해서 여자 쪽 아버지로부터 회답이 있으면 혼약이 완전히 성립되는 것으로 일단 회답을 한 이상, 혼례를 치르지 않은 상태에서 남자가 갑자기 죽어도 여자는 과부로 간

주된다.

◎ 사주가 오면 황도黃道 길일吉日[1]을 점쳐 혼례 날짜를 정한다. 식 전날에 남자 쪽에서 의복 장식과 직물을 여자에게 보낸다. 그 심부름은 남자의 지인이 담당하는데 여자의 친족이 이를 길에서 맞아들여 받게 되어 있는데, 이때 쌍방이 도쿄東京 지역에서 축제를 할 때 신여神輿를 가지고 서로 경쟁하듯 다투는데, "준다, 안 준다" 하며 옥신각신한다. 진 편은 불길하다고 구전되고 있기 때문에 사상자가 나오는 경우도 있다.

◎ 이 물품증여가 끝나면 그 날에 남자는 머리를 묶고 갓을 쓰고 영감이 되어 친족을 돌며, 그날 밤 향연을 베풀어 새벽 무렵까지 갓을 쓰게 된 것을 축하한다.

◎ 여자 쪽에서는 남자로부터 보내온 것 중에서 하얀 천을 가지고 남성복을 손수 재봉하여 식 전날에 이것을 남자에게 보내 그 날부터 머리를 땋기 시작한다.

◎ 그런데 식 당일에는 일본과 반대로 남자 쪽이 여자 집으로 가서 제 3일째에 여자를 동반하고 자기 집으로 돌아온다. 만약 제 3일째에 돌아가지 않을 시, 이후 1년이 경과되지 않으면 돌아갈 수 없다고 한다.

◎ 한편 식 당일에는 남자 친구, 지인 모두 오늘은 경사스러운 날이라고 아름답게 차려입고 남자 집에 가며 남자는 많은 종자를 거느리고 정각에 집을 나서 여자 집으로 향한다. 길 인도자가 두 사람 있어서 한 사람은 하얀 우산을 들고 한 사람은 빨간 천으로 머리만 내민 기러기[2]를 싸서 가지고 간다. 기러기는 부부의 화목을 표상하며 적색은 축하의 표시라고 한다. 많은 경우 나무로 만든 기러기로 대신한다. 드물게는

---

1 음양오행설에 따라 어떤 일을 하기에 좋은 날.
2 원문에는 '오리'로 되어 있지만 필자의 오류로 판단하여 '기러기'로 표기함.

살아 있는 매를 이용하는 경우도 있다. 경성에서 행세하는 자는 모두 인력거로 외출하는데 지방에서는 말을 타고 간다. 남자의 아버지는 조금 떨어져서 전방에 많은 종자를 앞세우고 함께 출발한다. 행렬이 여자 집에 가까워지면 기러기를 든 종자가 우선 말에서 내려 집으로 들어가 쌀을 담은 큰 접시 위에 기러기를 올려두고 곧바로 자리를 뜬다.

◎ 이때 남자의 아버지는 정문 앞에서 말에서 내리고 종자는 이어서 내린다. 남자 자신은 마지막에 말에서 내려 일동 동쪽을 향해 줄을 선다. 이때 장식복을 평상복으로 갈아입고 여자 집으로 들어간다. 여자의 아버지는 이를 맞이하고 남자는 우선 장식된 실내 혹은 방 앞에 처진 막 안으로 안내한다. 그 방에는 신부가 이미 4명의 여종 및 식구, 손님에게 둘러싸여 앉아 있다. 이때 처음으로 신랑은 신부를 보게 된다.

◎ 손님이 모두 모이면 신랑신부를 히나단雛壇과 같이 장식한 곳에 나란히 앉힌다. 식 중에 두 사람은 한마디도 하지 않는다. 그곳에 기러기를 꺼내 산 제물로 삼고 두 사람은 머리를 숙여 서로 변하지 않는 사랑을 맹세한다. 그리고 나서 신부는 시아버지에게 사배四拜를 하고 양쪽의 부모도 서로 사배의 예를 교환하고 큰 주즙ジュジュブ[3]이라는 풀을 신랑 앞에 두고 박제剝製된 꿩을 신부 앞에 두고 시녀 등은 홍청紅靑의 실을 감은 표주박 잔에 술을 담고 수차례 부부 두 사람에게 술을 바치게 한다. 이것을 하배賀杯라고 하며 이것으로 식이 끝나고 비로소 법률적으로 혼인이 성립되었다고 간주된다.

◎ 그러나 이것은 상류 호족 간에 행해지는 의식으로 간단하게는 신랑 쪽이 몇 명의 종자를 데리고 가서 신랑이 우선 신부의 집에 들어가 방에

---

3 원문에는 '주즙ジュジュブ'이라고 표기되어 있는데 무엇을 가리키는지 미상. 보통 전통혼례 상에는 사철나무, 동백나무, 대나무 등을 꽂아 놓는다고 함.

들어가면 신부는 사배四拜를 한다. 이것을 받아서 신랑은 이배二拜를 한다. 그리고 신랑이 먼저 잔을 들어 술을 마시고 신부가 뒤를 이어 술을 마신다. 이것을 합환배合歡杯라고 하는데 부부배夫婦盃의 식이다. 일본에서는 모두 축일에는 짝수를 꺼려 삼삼구도三三九度[4] 등 홀수를 사용하는데 한국은 모두 짝수인 것 같다.

◎ 요즈음 한인가에서 신부를 맞이하는 행렬을 보니 동행인이 10여 명으로 뺨에 둥근 원의 연지를 바른 7, 8세의 여자아이가 두 사람 그 외에 젊고 나이든 여자가 5, 6명이 있는데, 이들 역시 성장盛裝을 하고 모두 인력거를 타고 있고 모두 빨간 양산을 쓰고 통행한다. 그리고 조선의 가마가 2대 그 사이에 껴서 간다. 이것이 신랑신부일 것이다. 그 외에 종복인 듯한 사람 3, 4명이 뒤에서 따른다. 조금 떨어져서 보니 빨간 양산이 5, 6개 무리를 지어 늘어져 가는 광경은 마치 개양귀비가 흐드러지게 피어 뽐내는 것과 같다. 그것은 제 3일째에 신랑이 신부를 데리고 자신의 집으로 가는 행렬이다.

◎ 한편 혼인식이 끝난 후, 신랑신부는 혼인계약서를 만든다. 증서는 빨간 종이를 사용하고, 쌍방이 서명한다. 부인 쪽이 글자를 모르면 손을 종이 위에 올리고 붓으로 손의 형태를 그린다. 이 증서는 두 개로 잘라 부부가 서로 반씩 가지고 소중하게 간직한다.

◎ 조선의 법률은 부인과 이혼했다고 하더라도 그 여자가 살아 있는 동안은 남자 쪽은 재혼을 허락받지 않는다. 이혼한 이상 남자도 홀아비 생활을 하지 않으면 안 되는 것이다. 양쪽 공동체벌의 형태이다. 그래서 이 계약서의 반은 이혼한 부인이 죽은 후에 남자에게 건네진다. 그러면

---

4 일본 전통혼례에서 신랑, 신부가 3개의 잔으로 각각 3번씩 총 9번 잔으로 술을 마심.

비로소 남자는 재혼을 공인받게 되는 것이다. 이 점은 일본보다 부인의 권리가 강하기 때문에 때로는 남편이 장인에게 계약서를 주고 처에게 변심하지 않을 것을 약속한다.

◎ 이렇게 혼인식이 끝나면 처는 곧 부인실婦人室에 들어간다. 남편은 손님을 위해 성대한 연회를 베푼다. 주연 중에 신랑 친구들은 무리를 지어 갑자기 들이닥쳐 신랑이 밖으로 납치를 당하는 경우가 있다. 이것은 축하의 여흥으로 간주되고 있는데 그야말로 큰 소동이다. 그러면 신부의 아버지가 다소의 현상금을 내어 포로가 된 사위를 사들이지 않으면 안 된다. 이러한 장난으로 친구들은 술값을 마련하여 귀가한다. 신랑의 종복 또한 과분한 선물이나 금전의 축의를 받고 집으로 돌아간다.

◎ 손님이 모두 돌아가면 신랑은 별실에 가서 처의 조상의 영전靈前에 절을 한다. 이때가 마침 저녁 무렵이 되는데 이번에는 규방閨房에 들어갈 차례다. 신랑은 우선 꽃등이 장식된 규방에 들어간다. 이 방에는 쌀을 담은 큰 접시가 두 개 있는데 접시 위에는 촛대에 촛불이 켜져 있다. 잠시 후에 신부의 어머니나 여자 친척들이 신부를 데리고 규방에 들어와 신부를 신랑에게 보내고 모두 나가 버린다.

그러나 이것으로 원만한 첫날밤의 대단원의 막이 내리는 것이 아니다. 예로부터 결혼 당일 저녁에 수방守房이라고 해서 규방을 지키는 파수꾼을 세운다. 친한 친족이나 여종이 그 일을 맡았는데 근래에는 수방은 이름뿐으로 인근에 사는 자들이 창문에 구멍을 뚫고 실내를 들여다보는 등의 장난을 치기 때문에 신랑, 신부는 단지 방안에서 서로를 쳐다보며 하룻밤을 지새운다.

궁중

◎ 태황제太皇帝[1]는 작금 심하게 적막함을 슬퍼하여 현 한황韓皇[2]과 동거하고 싶다고 말씀하신다고 한다. 이것은 동거를 통해 세력을 만든다는 의미가 아니라 실제로 노후의 적막함을 견디지 못해서인 듯하다.

◎ 왜냐하면 이전에는 태황제, 황제, 태자, 엄비嚴妃, 황후 모두 매일 같은 방에서 회식하고 회담을 하는 친밀한 관계에 있었기 때문이다. 부자간의 정념에 있어 조선인은 대게 극단적으로 농후한 정애情愛가 선천적으로 구비되어 있는 듯하다.

◎ 겨우 두 칸 정도의 온돌에서 부자夫子가 잡거雜居하는 위락慰樂은 상하귀천을 가리지 않는다. 밖으로는 존귀함과 위엄을 보이는 한인은 가정에서는 일반적으로 격의를 차리지 않는다고 하는데, 이 기질은 조선의 왕실에서도 극명하게 드러난다고 한다. 세계의 제왕은 모두 엄격하게

---

1 고종(1852~1919). 조선 제 26대 왕. 흥선 대원군의 둘째 아들로, 철종이 아들이 없이 죽자 1863년에 12살의 나이로 왕위에 올랐다. 1897년 나라 이름을 대한 제국이라 하고 자주 국가의 모습을 갖추기 위해 개혁을 추진하였지만 1907년 일본의 협박으로 황제 자리에서 물러남.

2 순종(1874~1926). 조선 27대 왕(재위 : 1907~1910). 고종의 둘째 아들. 명성황후 소생. 비는 순명효황후純明孝皇后 민씨. 1875년에 세자로 책봉, 1897년에 황태자皇太子로 다시 책립된 후 고종의 양위를 받아 즉위.

각 황족이 별거하면서 수일 동안 겨우 한 번의 회담과 회식을 한다고 하는 와중에, 조선왕실 내에서만 그러한 별거제를 채택하지 않고 한 왕성 안에서 조석으로 회담과 회식의 위락을 다 같이 누린다고 하는 점은 실로 바람직하다고 할 수 있다.

◎ 현 한황韓皇은 보통의 건강을 유지하고 있고 안색도 병약한 것처럼 보이지 않는다. 심한 근시안으로 얼굴이 맞닿을 정도로 해서 신하 등과 말을 하고 조금도 한 곳에 앉아 있지를 않고, 3, 4명의 배알하는 사람을 같은 방으로 불러 그 쪽 사람에게 조금 이야기를 걸고는 곧 이쪽 사람에게 이야기를 하는 식이다. 변덕이 심한 기질로 보인다.

◎ 한인이 고하 귀천을 막론하고 실내에 변기를 두는 습관은 왕실 내에서도 마찬가지라고 한다. 이전 국왕즉위식 때에도 열석한 대관 등이 열 뒤쪽에 앉아 변기를 사용하는 예도 있다. 그러나 대소변을 버리는 데는 일정한 장소가 지정되어 있다.

◎ 어전부御膳部는 막대한 비용을 필요로 하기 때문에 대단한 대식가로구나 했더니 그렇지가 않다. 왕자王子의 식단은 방장方丈에 정鼎이 늘어져 있는 식3으로 어전御膳의 관리가 산해진미를 조달하고 있는 것이다. 어전의 관리의 배에 살이 붙고 금전에 여유가 생겨 금고까지 만드는 것을 수상쩍게 생각할 필요는 없다. 관기官妓의 출입은 엄중한 문초를 받고 내관內官의 세력도 감소되었고 잡배雜輩의 출입이 금지되어 궁중의 면목을 새롭게 하려는 상황에서 어전의 세력만은 여전히 변함이 없다. 필시 어전의 관리들은 통찰력이 있고, 건전한 정신은 건전한 신체에 깃든다는 정도의 이치는 5백 년 옛날부터 조선인의 머리에 확고하게 침투되어

---

3 방장은 가로·세로가 1장丈(약 3m)인 넓이의 공간이나 방을 말하며, 정鼎은 고대 중국의 세 발 청동솥을 말한다.

있을 것이다. 세상에서 흔히 이야기하는 정력 증강에 좋다는 연근蓮根만도 몇 천 원이나 하는 것을 궁중에 납품한다고 들었다.

◎ 궁중의 오락은 어떤 것이 있을까. 근래에는 관기官妓의 수도 크게 줄어 매일 밤 피리와 북으로 연회를 여는 일은 없다. 매우 고요하고 평화로운 것으로 변했다.

◎ 관기라고 하는 것은 우리나라의 전시典侍, 내시內侍와 같은 것과는 조금 다른 것으로 어용기생御用妓生이라고 해야 할 것이다. 매일 일과로써 사무를 보는 것이 아니다. 국왕의 뜻에 따라 불시에 열리는 행사를 위하여 노래를 하고 춤을 추기 위한 준비를 해 두는 것이다. 진정한 시녀라고 할 수 있는 노부인이 항상 옆에 붙어 있어 국왕의 부름에 대비해 만반의 준비를 해 놓는다.

◎ 관기는 천민계급에서 돈이 궁하여 몸을 파는 일본의 예기藝妓와는 크게 달라 학문이나 지견智見 등 모두 일반 사람을 능가한다. 평양에 기생학교라고 하는 것이 있다. 경성에도 지금의 메이지마치明治町 헌병대의 둔소屯所는 이전에 기생학교였기 때문에 이 기생학교는 여자대학이라고 할 만한 최고학부였다. 이 학교는 궁중에 들어갈 여관女官 양성을 주된 목적으로 하여 백과百科의 학예를 가르친다. 독서, 산술, 습자, 의약, 가무음곡 등의 기예를 모두 갖춘 자를 양성하는 것이다. 이렇게 재색을 겸비한 특출한 자는 관기의 자격으로 궁중에 들어간다. 따라서 특수한 지위에 있는 대관양반의 따님이 아닌 이상, 기생학교에 들어가 선발되어 관기로서 궁중에 들어가는 것은 매우 큰 영달榮達이다. 학업성적이 좋지 않은 자는 도저히 궁중에 들어갈 수 없어, 시중의 기생이 되어 정주亭主를 두고서도 타인의 연회석에 나가 결국에는 색을 판다. 색을 판다고 하면 열등한 여자처럼 들리지만 총체적으로 열등한 조선 부인의

상황을 감안할 때 기생은 가장 훌륭하여 그 외의 평범한 부인은 수완도 학문도 예능도 없기 때문에 사실은 색을 파는 기생 이하로 무시를 받고 있다. 즉 문자 그대로 조강지처糟糠之妻로 완전히 남편의 부속물로서 일생 동안 온돌방 안에서 연기로 쾌쾌한 생활을 만족스럽게 보내고 있는 것이다.

◎ 그런데 이 관기가 궁중에 들어가는 것은 대개 15, 6세부터로 20세가 되면 이젠 기름기 흐르는 부정不淨한 몸의 할머니 격이 되어 궁중에서 퇴출되게 된다. 퇴출이라고 하면 비참한 운명을 생각하기 쉬우나 실은 그녀들은 가마를 타고 그때부터 관기라고 하는 금박을 칠한 몸에서 광채를 내며 자유롭게 비상하기 때문에 그때부터가 그들이 진정으로 꽃을 피우는 시대인 것이다. 많은 양반 대관들이 새장에서 풀린 새를 쫓듯이 경쟁하듯 궁중을 나온 기생들의 환심을 사기 위해 개미가 단것에 달려들 듯 발밑에 엎드린다. 이 경우 기생은 일본의 게이샤藝者와 같이 간판을 건 매춘부로서 다루어지는 것이 아니라 상당히 존경을 받는다. 마치 외국의 여배우가 일대 호걸을 농락하여 번민케 하는 것과 같은 태도이다.

◎ 그리고 알맞은 남자를 골라 그의 정처正妻가 된다. 정처가 되어서 남편의 허락을 받고 다른 손님을 맡는다. 남편은 이것을 명예로 생각하고 스스로 기부妓夫의 역할을 다한다. 자식이 태어나 6, 7세가 되면 이 아이를 길가에 망을 보게 하고 손님을 엄마에게 인도하게 한다. 남편은 문밖에 서서 손님을 이어받는다. 이러한 일련의 사실은 실로 놀라울 정도로 부도덕의 극치라 할 수 있다. 그리고 남편은 그 돈으로 다른 기생을 산다고 하니 참으로 여보4는 남녀 성욕의 문제를 "이런 식으로" 해결하고 있는 것이다.

◎ 궁중에는 신문지는 거의 들어오지 않는다. 대한매일신보大韓每日申報가 이따금 흩어져 있는 것을 보는 정도이다. 그렇다면 한황韓皇은 어떤 오락을 즐기는 것일까. 딱히 특정해서 소위 도락道樂이라 할 만한 것이 없다. 바둑과 장기 정도는 구비하고 있지만 이것도 그다지 좋아하시지 않는다. 여가에는 혼자서 골패骨牌⁵를 가지고 소일하시거나 자주 혼자서 주사위를 굴리시는 모습을 본다고 한다. 그리고 조화造花의 장식물이 달린 염주를 돌리며 구슬을 세는 적도 있다. 스스로 정원을 산책하시는 것 같지도 않고 과수나 화초에 흥미를 갖고 있지도 않으신다고 한다. 항상 생각하시는 것은 영친왕英親王⁶에 대한 것으로 예전 영친왕이 도쿄에서 찍은 일상생활의 활동사진을 가장 좋아하신다고 한다.

◎ 작금은 궁중의 숙정肅正이 크게 행해져 예전처럼 잡배의 횡행도 없고 창덕궁과 덕수궁이 분리된 후에는 복마전伏魔殿과 같은 모습은 전혀 없고 비밀도 없다. 제실帝室의 재산이 국유화된 후로 음모가 벌어질 모든 원인이 소멸되었다.

◎ 현재의 창덕궁은 수리 후 실로 훌륭해졌다. 황제에게 사적으로 부름을 받은 자들은 뒷문으로 들어가 현관에 이르면 시종 등이 나가 맞이한다. 큰 서양풍의 휴식실로 안내를 받는데 이곳의 실내 장식은 순전히 서양풍으로 탁자와 의자가 준비되어 있고 일본풍의 실내도구는 일체 없다.

---

4 작가는 한인(조선인)을 '여보'라 부르고 있음. '여보'는 늙어서 쇠약해진 모습을 나타내는 일본의 '요보요보よぼよぼ'와 음이 상통함.

5 골패는 구멍의 숫자와 모양에 따라 패를 맞추는 전통적인 놀이 및 도박 도구이다. 골패는 주로 양반·기생 등이 즐겼던 놀이였음.

6 이름 은垠. 고종의 일곱째 아들, 1897년 순빈淳嬪 엄씨嚴氏 소생이며 순종황제의 이복동생이다. 1900년 영왕英王에 책봉되었다가 1907년 황태자에 책립되었으며 그해 12월 통감으로 부임해 온 이토 히로부미伊藤博文에 의하여 11세 때 강제로 일본에 끌려가 교육을 받고 일본 나시모토노미야梨本宮의 딸 마사코方子와 정략결혼을 강요당하여 비로 맞이함.

그리고 용무의 성격에 따라서 별실로 안내되기도 하는데 그것은 두 칸으로 된 온돌방으로 한황韓皇이 앉고 노시녀들이 보좌한다. 예전에 치아를 치료하셨을 때는 치료기계의 예리한 번뜩이는 날을 보고 모두 겁에 질려 보고 있었다고 한다.

◎ 종래에는 어떤 경우에도 어떤 사건에도 적어도 궁중에서 발생하는 모든 사건에는 내궁內宮 혹은 궁녀 중의 하나가 반드시 이것과 연류되어 있었는데 지금은 그 내궁과 궁녀 모두 크게 그 숫자가 줄어들었다.

◎ 궁녀가 기세 좋게 횡행했을 때의 사정을 들으니, 대궐이라 불리는 경복, 창덕, 경운慶雲의 삼궁三宮에 있었던 궁녀와 관기의 합계가 거의 600명이나 되었다고 한다. 그들은 각 계급에 따라서 임하는 직무가 다르다. 소주방燒酒房[7]이라고 해서 국왕의 수라를 조리하는 방이 있다. 침방針房이라 해서 왕비의 옷을 재봉하는 곳이 있다. 서답방署踏房은 옷을 세탁하는 곳이며, 생과방生菓房은 과자와 과일을 조달하는 곳이다. 약방藥房은 인삼을 달이거나 염주나 부채에 다는 꽃 장식을 만드는 곳이다. 왕이나 왕비가 세수하는 곳을 세수방洗手房이라 한다. 보통 궁녀는 각각 이들 각 방에서 봉사하는 것이다.

◎ 관기는 15, 6세부터 기생학교 생도 중에서 선발되어 궁중에 들어가는데 궁녀는 대부분 7, 8세경에 궁중에 들어와 생을 마감할 때까지 봉사한다. 물론 한평생 과부로 지내야 하기 때문에 그중에는 궁내의 관인과 정을 통하는 자, 혹은 왕이나 왕비의 축복을 빈다는 구실로 사찰을 참배하여 스님과 정을 통하는 자가 대부분으로, 혹은 내원內願의 중개나 음모에 조력하거나 하였다 한다.

---

7 원문에는 '消酒房'이라고 되어 있으나 오기로 판단하여 '燒酒房'으로 표기했음.

◎ 궁녀는 처음에 각시라고 불리며 승진하여 항아님이 되고 그 위는 상궁尙宮이다. 지금의 엄비嚴妃도 이 상궁이었으며 궁녀의 최고계급으로, 지위는 대신과 동품同品이다. 궁녀 채택은 상궁이 관할한다. 또한 각시와 항아님은 삼족三族으로 나뉘어 있다.

◎ 그것은 이족吏族, 영족營族, 및 궁노족宮奴族이다. 침방내인針房內人직은 모두 이족 및 영족이며 그 외에는 모두 궁노족이다. 궁노란 허드렛일을 하는 자를 말한다. 상궁은 구별이 없다.

◎ 복장 그 외의 구별은 각시는 머리를 땋아 늘어뜨리고 여기에 댕기라고 하는 리본과 같은 것을 단다. 항아님은 모두 결발結髮이며 계급 혹은 이족, 영족에 따라 결발의 구별이 있다. 머리장식에는 비녀를 사용한다. 양쪽 볼에 연지를 바르는 것은 일반 부녀가 혼인했다는 뜻과 같은 의의를 갖고 있는 것으로 매우 경사스러운 일이다.

◎ 왕 앞에 나가는 것은 상궁부에 속하는 관녀官女로 교대로 국왕에 봉사한다. 상궁에 대해서는 왕과 귀비貴妃도 존칭을 사용한다.

◎ 왕은 평상시 묘시卯時 즉 6시경에 기상한다. 그러면 세수방의 내인이 백동 혹은 아연으로 만든 그릇에 물을 담아 바친다.

◎ 왕비는 왕과 같은 시간에 일어난다. 세수는 왕의 경우와 같으며 왕이 국정을 볼 때 왕비는 내정內政을 본다. 상궁을 불러 의류나 그 외의 구매부터 금전 출납까지 세세하게 지시를 내린다.

◎ 왕의 기상시간은 종래 심야에 정무를 의논하고 원로대신과 접견하시는 예가 있었기 때문에 거의 일정하지 않다. 왕비는 일반적으로 오후 7시경부터 침상에 드신다.

◎ 궁녀에게는 일정액이 지급되었는데 정월에 왕과 왕비의 축복을 빌기 위해 사찰 참배를 한다든가 혹은 여흥의 상대를 했을 때 특별 수당이

65

지급되었다. 또한 유력한 궁녀는 비공식적인 왕의 접견에 안내 등을 맡아 비정기적인 수입이 매우 많아, 사찰의 스님에게 맡겨 돈을 빌려주거나 생가에 보내 일가를 풍족하게 하거나 하였다.

◎ 또 왕 혹은 왕비는 때때로 무격巫覡을 궁중에 들이셨다. 그 수는 20명이나 되었을 것이다. 그들은 한번 궁중에 들어오면 많은 하사품을 받고 퇴출하였다.

◎ 국왕의 여흥의 상대가 되는 때야말로 실로 상궁들이 몸을 바쳐 봉사해야 할 기회인 것이다. 일약 국모로 추앙받는 기회를 잡는 자가 있는가 하면, 왕비의 질투를 사서 애수에 찬 비참한 최후를 맞는 자도 있었다.

◎ 국왕이 용변을 보실 때 사용하는 종이는 조선인삼의 본고장인 개성에서 인삼으로 찐 것이라고 한다.

◎ 태황제太皇帝 재위 때에는 왕실의 경제를 친히 관장하여 언제나 커다란 주머니 안에 금전지폐 그 외 대금증서나 계약서 인장 등을 모두 집어넣고 계셨다. 출납계산이 왕의 손에 전부 장악되어 심하게는 제등提燈 하나 사는 데도 왕의 승인을 필요로 했다고 하니 실로 놀라운 이야기가 아닐 수 없다. 궁중 부중府中8의 문란이 극에 달하여 재산은 왕 자신이 열쇠를 움켜쥐고 있지 않으면 불안했던 것으로 보인다. 그리고 왕은 궁녀 등을 상대로 유락을 즐기실 때 마음에 드신 자에게는 이 주머니에서 돈을 꺼내서 하사하곤 하였다. 그러한 경우에는 그 궁녀가 평소에 의뢰를 받은 어떤 것이나, 혹은 자신의 정부情夫에 대한 청탁을 왕의 소매에 매달려서 은밀하게 청원했다고 한다.

◎ 궁녀 등은 고환을 제거한 관인 이외에는 일절 남자와 접촉하지 않는

---

8 궁중에 대하여 정치를 행하는 공식적인 관청.

규정이 있어 남녀의 구별이 대단히 엄중함에도 불구하고 품행이 방정한 자가 없고, 실은 남자에 굶주려 있기 때문에 전술한 바와 같이 사찰 참배 등을 할 시에 가끔은 용서되기는 하지만, 그 정도로는 턱없이 부족하기 때문에 시중市中의 미소년을 여장을 시켜 궁 안으로 끌어들여 몰래 정을 통하기를 일삼았다고 한다.

◎ 궁중에는 이미 요운妖雲이 불식되었고 제령制令이 엄숙하게 행해져 조금의 괴이함도 없지만, 딱 한 가지 지금도 상당한 권세를 유지하고 있는 것은 내관이라고 하는 관리이다. 이들은 궁중 총감독자로, 궁기시녀들까지도 모두를 감독하는 역할을 한다. 지나支那의 서책에 자주 보이는 환관이라고 하는 고환을 제거한 남자이다. 생식 작용을 잃은 남자로서 궁중에서 폐하를 가까이 모시는 자이지만 작년의 사변 후 궁중 숙정의 명이 있어 지금은 인수도 줄고 세력도 없지만 그들 내관들에게는 재미있는 내막이 있다.

◎ 완전한 신체를 가진 남자보다도 고환이 없는 인간이 높은 자리에 앉아, 큰 세력을 휘둘렀다고 하는 기이한 풍경은 일본에서는 볼 수 없는 여보식일 것이다.

◎ 종래 국정을 좌우했던 내관은 많이 있었지만 그중에서도 강석호姜錫鎬, 나세환羅世煥, 이병정李炳鼎, 고정익高廷翼 등은 고환이 없는 세력가로서 그 외 김고호金高鎬, 정모鄭某도 세력이 있는 내관으로 한 때는 나는 새도 떨어뜨릴 기세였다.

◎ 고환이 없는 인간이 어찌하여 고환이 있는 인간을 능가하는 세력을 가지고 있었을까. 한마디로 폐하를 가까이 모시면서 제신집주諸臣執奏의 역할을 맡고 있었기 때문이다. 어찌됐든 왕 곁에는 고환이 있는 인간을 둘 수 없는 것이 규칙이기 때문에 각 대신 등이 폐하에게 무엇인가 아뢰

려고 할 때는 이 내시內侍의 손을 거쳐서 한번 왕의 의견을 묻지 않으면 안 되기 때문에 아무리 지위가 높은 대관이라도 이 내시에게 미움을 산다면 감당할 재간이 없다. 뭐라 해도 중개 역할을 해 주지 않으니, 폐하에게 전해주지 않으면 어떤 기책묘안도 시행할 도리가 없다. 그 대관이 분개하여도 소용이 없다. 한 번 이 내관에 밉보이면 끝장으로 모처럼의 권세도 추락하게 된다. 모름지기 불구자란 황소고집으로 고환이 없는 내관은 그 성질이 거의 여자 같아서 그 교만과 고집스러움은 헤아리기 어렵다. 대관들도 내관에게는 기를 펴지 못한다.

◎ 그래서 내관을 포섭하려고 하는 술책이 빈번하게 시도되는 것이다. 어떻게 해서든 한성의 권세의 무대에 서서 천량역자千兩役子가 되려는 자는 무슨 일이 있어도 이 내관을 자신의 편으로 끌어들여 왕과의 통로만큼은 막히지 않게끔 하지 않으면 안 된다. 밤에 왕성에서 귀가하는 내관의 집에 가 보면 당당히 고환이 있는 대관신사가 불구자의 앞에 무릎을 꿇고 있는 것을 볼 수 있다. 권세 있는 대관의 문전에 방문객이 끊어져 쓸쓸할 때가 있어도 이 불구자의 온돌에는 한 치의 공간도 없다.

◎ 여성에 대해서 자본이 없는 내관은 당대의 세력가가 흥망성쇠를 겪는 데에 반해 자신들은 반석과 같이 안전하다. 물론 비교적 영구히 세력을 가진 내관에게도 때때로 실책은 있다. 하지만 직접 인민과 접하지 않기 때문에 실책이 사람에게 알려지지 않고, 대부분 일정불변한 겉으로 드러나지 않는 세력을 보지하고 있다.

◎ 그들 내관은 왕과의 중개의 열쇠를 장악해서 무상의 세력을 지니고 있을 뿐만이 아니라, 대부분 대관과 같은 대우를 받고 있다. 종일위從一位 이하의 조정의 신하부터는 대감大監이라고 불리기 때문에 국장 정도의 사람은 이 내관의 앞에서는 하격이 된다. 따라서 대관 등이 이 내관에

게 상달上達의 통로를 막히지 않게 하기 위해서 금전이나 재물을 내관에게 뇌물로 바치는 것인데 내관은 거만한 태도로 이것을 태연하게 받고 벙긋하지도 않고 단지 흥! 하고 콧방귀를 뀌는 정도가 최상의 사례이다. 하지만 그 효험은 궁중에서 왕에게 아뢸 때 확실히 드러나기 때문에 모두 불만을 참고 있는 것이다.

◎ 내관에게도 처가 있다. 이 정상이 아닌 내관에게도 처라고 불리는 처가 있다. 이 처와의 관계에 대해서 이야기하는 것은 재미있다기보다는 처참한 일에 가깝다. 어떻게 쓸 수 없는 도구를 가지고 그들이 정상적인 기관을 완비한 부인과 정을 통하는지 이야기하자니 참으로 눈물겹다. 그들도 생식기는 불구라 할지라도 겉모습은 평범한 인간인 이상, 역시 보통 사람들과 같은 일을 하고 싶은 법이다. 결코 침실 안의 만족을 추구하는 것은 아니다. 인간으로서의 체면을 갖추고자 하는 것이다. 불완전하기는 하지만 하나의 가정이라고 하는 것을 만들어 보고 싶은 것이다. 부인도 없는 남자라고 손가락질을 받는 창피함 때문이다.

◎ 그런데 이 기관불구자는 처가 있을 뿐만 아니라 기생놀이도 하고 있으니 실로 포복절도할 일이다. 내관의 대다수는 부자이면서 특별히 금전을 사용할 용도가 없기 때문에 육체적으로 부인의 마음을 사로잡을 수는 없다. 그래서 재산을 탕진하며 그 결점을 보충하여 일반 사람과 같은 허영을 부리고자 하기 때문에 기생 등은 신묘하게 이 허영심을 이용하여 그들을 쥐락펴락한다고 한다. 오히려 일반 손님보다도 돈을 많이 뿌리고 후에 뒤탈이 없기 때문에 기생 등은 크게 이들을 환영한다고 한다.

◎ 그렇다면 그들의 정처正妻에 대한 태도는 어떠한가. 불쌍하게도 그들은 보통의 음양화합陰陽和合의 묘함을 처음부터 모르기 때문에, 처라 해도

전혀 유명무실로 거의 가정家政 이외에 달리 쓸모가 없다. 하인下男이 있어 심부름꾼으로 부리고, 바느질전담 아주머니를 두어 의복에 불편함이 없기 때문에 실제 처라고 해도 쓸모가 없는 것으로 장식에 지나지 않는다. 이 장식품에 대해서 그들은 어떤 애정도 품지 않을 것이라고 생각하기 쉽지만 실제는 그렇지 않다. 이상하게도 내관에게는 일반인보다 한층 강렬한 질투심이 있다. 그래서 처는 더욱 더 음욕이 강하여 남자를 집안으로 끌어들이거나 남자에게 돈을 쏟아 붓는 일이 많다.

◎ 내관은 한눈에 봐도 알 수 있다. 길을 걷다보면, 매우 여자 같은 얼굴을 한 거대한 남자가 아름다운 옷을 걸치고 걸어가고 있다. 실로 맥 빠진 얼굴을 하고, 속된 말로 말 도둑놈과 같이 비대하다. 그 자가 곧 내관으로, 지금은 작년의 궁중숙정 이래로 도태되어 민간을 유랑하는 자가 많다. 그들에게 궁중의 일을 들어보면 재미있는 이야기가 많겠지만, 그들은 여관女官이나 궁중의 일들은 절대로 이야기하지 않는다. 특히 치정과 관련된 이야기를 하는 것을 절대로 꺼려한다. 아무튼 타국에서는 볼 수 없는 사람들이다.

암흑의
조선 기생妓生

◎ 기생妓生은 한국의 명물名物이다. 한국 땅에 발을 들여놓은 자들은 반드
시 기생에 대해 듣게 된다. 외국인이 우리나라에 와서 게이샤를 신기해
하며 화제로 삼는 것과 같다. 여행을 나오면 그 토지의 여자를 견문見聞
하고자 하는 호기심이 일어나는 것이다.

◎ 기생에 관해서는 궁중을 설명한 조條에서 또는 요릿집에 관한 조에서
다소 기록하였기 때문에 여기서는 그 밖의 다른 사항을 적고자 한다.

◎ 지금 관기의 수는 약 백여 명으로 정이품正二品 이하의 관기의 수만 사십
여 명이다. 그 아래의 기생들과 그 외를 합친 수는 7, 8백 명 이상이라고
한다. 작년까지는 관기만 3백 명 이상이었고 궁중宮中에 출입함에 있어
대신대관大臣大官보다도 더 으스댔다. 그들은 항상 궁중에 출입하여, 음
모陰謀의 매개자가 되는 것뿐만이 아니라 관기 자신이 정치운동을 벌여
그 폐단이 대단히 심했다. 작년 신협약新協約 이후에는 감소되어, 지금
출입하고 있는 관기는 평일에는 십여 명 정도로 3, 4명씩 번갈아서 출입
한다.

◎ 관기의 양성은 이전에는 지금의 서대문西大門 안에 있는 관인구락부官人

71

俱樂部에서 교육을 했다. 그때는 궁내부宮內府의 직할로 연예演藝를 연습하는 한편, 일반인一般人의 구경을 허가했었다. 일등석 1원 50전부터 1원, 50전, 30전으로 좌석의 구별이 있고, 그 극장의 감독은 정이품의 관리가 맡고 있으며 매일 표를 파는 장소에 나가서 감독을 한다. 또한 그 관기는 연극장演劇場의 관리인의 허가를 얻어, 연극이 끝난 뒤에 관객과 손을 잡고 관기의 집이나 요릿집 등에 갈 수도 있었다. 하지만 정이품의 허가를 얻지 않고 남성과 관계를 한 경우에는 그 다음 날 관기들을 모아서 그 앞에서 수치스럽게 훈계를 하고, 군중 앞에서 수치를 당하게 했다. 그래서 그들은 절대로 정이품의 허가 없이 일을 도모하지 않았다. 일본인이라도 정이품에게 돈을 조금 부탁하면 미인을 주선해 주었고, 관기 또한 얼굴이 빨개질 만한 부끄러운 돈을 손님으로부터 취하는 일도 없었다. 지금은 이 제도도 관정개혁官政改革과 동시에 없어져 버렸다. 그 감독관인 정이품의 이모李某의 집은 그 영락정永樂町의 일진회一進會의 남쪽 옆이지만 지금은 차마 볼 수 없을 만큼 초라한 폐가가 되어 있다.

◎ 경성의 현재의 관기 양성은 이전과 같이 규칙적이지 않으며, 공률사共律社에 의해서 부분적으로 명맥을 이어나가고 있을 뿐이다. 하지만 현 내부대신內部大臣 송병준宋秉畯 씨는 관기의 양성을 마음에 두고 있어 가까운 시일 내로 부활시켜 이전처럼 해서 크게 세계적으로 만들고, 일반의 관기는 물론 기생까지도 늘리겠다고 기세등등하다. 아니 일본으로의 진출 정도가 아니라 더 나아가 영국에서부터 유럽으로 만유漫遊하게 할 것이라고 또다시 이전과 같은 터무니없는 허풍을 떨고 있다.

◎ 약방藥房 및 상방이라고 불리는 것이 있다. 이것도 기생의 일종으로, 15세부터 22세까지 현재는 30여 명이 있다. 이 약방, 상방을 일컬어 국비國妃라고 해서 협립사協立社에도 40여 명이 있다.

◎ 기생의 출생지는 경성京城 이외에도 한국 내지로는 진주晉州, 대구大邱, 선천宣川, 평양平壤 등으로 그중에서 진주가 제일, 선천이 둘째이다. 진주의 기생은 검무劍舞에 능란하며 선천의 기생은 가무歌舞에 능하다.

◎ 기생의 집의 용마루에는 귀와鬼瓦가 없다고 했던 것도 옛날이야기로 지금은 각종 구습舊習이 모두 철폐되었다. 이전에는 기생의 집 문에는 상화실賞花室이라고 써서 붙였지만 지금은 별로 보이지 않는다.

◎ 기생의 집 구조는 보통의 한인 집과 그다지 다르지 않은 모습이다. 단지 사랑舍廊을 많이 이용하고 있다. 문을 들어서며 행랑行廊이라고 해서 하인들이 거처하는 곳이 있다. 거기서 행랑으로부터 조금 떨어진 곳에 수청守廳이 있다. 이 방에는 하인들을 감독하는 하인의 우두머리가 산다. 그 문으로 들어가면 오른쪽으로 대사랑大舍廊이라고 해서 아버지의 벗을 들이는 방이 있다. 그 다음이 소사랑小舍廊이라고 해서 아이들의 친구들을 들이는 객실客室이 있다. 이 대소사랑大小舍廊은 일반 손님들의 공간으로 사용한다. 그 사이가 마룻방으로 대청大廳이라고 불리며, 그 마룻방에서 왼쪽으로 가면 내방內房이 있다. 그 외에 곳간 등이 있어 일반적인 가옥 구조와 별로 다르지 않다. 그렇지만 기생은 대사랑, 소사랑을 많이 가지고 있다. 즉 일반 가옥의 손님방이 기생의 집에서는 객실인 것이다. 여기서 기생이 손님을 맞아 접대한다.

◎ 기생의 일상생활은 아침 기상이 열 시부터 열한 시 사이로, 조식은 열한 시부터 열한 시 반경이다. 그리고 조식에는 술을 조금 곁들이고 쇠고기 및 간장으로 버무린 파, 고추 등을 조린 것과 뚝배기라는 것을 먹는다. 그때에는 부부가 마주 앉아 식사를 한다. 열두 시경이 되면 손님이 찾아오는 경우도 있다. 손님이 오지 않을 때는 그 사이에 골패를 가지고 놀거나 자기 집에서 가무歌舞를 연습하거나 한다.

◎ 가무 연습은 따로 정해져 있는 날이 있다. 각부各部에는 한 곳씩 연습장이 있어, 그곳에 모여 연습을 한다. 그 각 부에 한 명씩 교사가 있어 연습은 매우 열심히 한다.

◎ 기생의 정주亭主는 한인 형사순사刑事巡査, 즉 별순검別巡檢이나 궁내부宮內府의 별감別監인 경우가 많다. 그들은 기생 즉 자신의 부인에 대해서 신과 같이 존경하며, 어떤 일도 명령하는 대로 언제나 공손히 승낙한다. 또한 기생도 남편 취급을 하지 않고, 손님의 안내도 남편이 하는가 하면 광고성 선전을 퍼트리는 것도 남편이 한다. 그러나 한국에는 의형제義兄弟라고 하는 것이 있다. 그리고 의형제는 형제의 맹세를 맺은 친구의 처가 된 기생을 사서는 안 된다. 이전에는 혹시라도 의형제 동지가 그 규칙을 깰 경우, 간통과 똑같이 처리하여 근처에 집합하여 때려죽이기도 했다. 지금은 때려죽이지는 않지만 의형제 사이는 역시 맹세가 굳건하여 함부로 규칙을 깨지 않는다.

◎ 그런데 어느 하이칼라인 녀석이 문명개화의 바람이 들어서 의형제든 뭐든 돈을 내고 기생을 사는 것이 무슨 잘못이 있겠는가 하고, 괘심한 소행을 저질렀다. 그것을 그 기생의 남편이 알고서 그것을 경찰에게 고발하였다. 경찰서의 보좌관補佐官이 머리를 짜내 고심했지만 어떻게 할지 정하지 못하고 한인 서장署長에게 처분을 맡겼더니, 서장 선생은 3명을 불러서 의형제의 약속을 끊고 일을 마무리했다고 한다.

◎ 기생집에서는 절대로 요리를 하지 않는다. 요리는 하나하나 남편이나 하인이 부근의 요릿집에서 날라 온다. 집에는 맥주가 한 병도 갖춰져 있지 않다. 또한 일본의 요릿집 같이 요리 값으로 돈벌이를 하지 않는다. 담백하다고 해야 할 것이다.

◎ 파성관巴城館이나 천진루天眞樓에 오는 관기나 기생이라고 하는 자들은

74

결코 기생이나 관기가 아니다. 그들은 일반적으로 음군자陰君子라고 불리는 고등매음녀이다. 그들은 몸이 자유롭기 때문에 마음껏 원정遠征을 꾀한다. 관기나 기생은 외국인에게는 스스로 다가가기를 원하지 않지만 음군자는 서양인이든 지나인이든 누구라고 상관없다는 식으로 돈만 지불한다면 어디라도 간다. 하룻밤 보통 6원, 이것도 손님을 보고 나서 어림쳐서 값을 매기는 것으로 차등이 있다. 조선의 요릿집 등에서도 바로 불러 준다. 그것은 이 음군자가 기생이나 관기보다 다루기 쉽고, 부르러 가는 사람에게는 2할을 준다는 약속이 있다고 한다. 용모로 보면 이런 종류의 염가 매음녀들은 삼류인 것이다.

◎ 기생 사회의 화대花代는 일본과 크게 달라 한 시간이라는 규칙이 없다. 7시간을 한 단위로 삼는다. 7시간에 4원의 규정이 있어 다른 집에는 절대로 가지 않는다. 즉 12시부터 간다면 아침 7시까지 놀 수 있다. 다른 집에는 절대로 가지 않는다는 것은 그 기생의 집에서만 숙박을 한다는 뜻으로 다음 날 열 시까지로 해서, 시가는 관기의 경우 8원, 기생의 경우 5원 정도이다. 일반적으로 일본인은 관기와 기생의 구별이 어려워 기생이라고 해도 삼패三牌, 사패四牌의 낮은 자에게 많은 돈을 뜯기는 일이 많다고 한다.

◎ 관기를 분간하는 법은 관기에 대해서는 전술한 바와 같이, 각 몇 품이라는 식으로 직위를 가지고 있다. 일반 한인이라도 망건이라고 해서 갓 밑에 쓰는 물건에 금을 붙이고 있는 자가 정이품이고 옥을 붙이고 있는 자가 정삼품인 것과 같이, 머리에 금을 붙이고 비녀와 같은 것을 꽂고 있는 관기가 정이품이고, 옥을 붙이고 있는 자가 정삼품이다. 그것이 없는 것은 그 이하이다. 현재의 관기 중에 인기가 있는 기생은 네 명으로 연홍蓮紅, 홍매紅梅, 죽엽竹葉, 계월桂月 등이 그들이다.

◎ 국비國妃와 상화실賞花室의 구별은 어떠한가. 국비라는 것은 전에 언급한 약방藥房 및 상방을 말하는 것으로, 상화실보다는 상당히 높은 지위에 있다. 상화실은 이패二牌, 삼패三牌 즉, 이류삼류의 재색才色이지만, 국비는 그 이상이다. 상화실은 5, 6년 전까지는 손님도 보잘것없는 자들이 많고, 양반들은 업신여겨 그들의 집에는 놀러가는 자가 없었지만 요즘은 그렇지 않다. 하지만 국비는 상화실의 기생을 노예처럼 본다.

◎ 기생은 신왕성新王城의 뒷문인 영성문永成門 부근과 미동美洞, 시곡詩谷, 종로鐘路의 뒷거리, 또는 명월관明月館 부근 등에 있다. 국비는 미동에 많고, 그 외는 각각 산재해 있다. 현재 기생의 수가 천 명 정도라고 하는 것은 색주色酒(삼패주실三牌酒室에 있는 기생) 또는 음군자(고등매춘)를 모두 합한 것이다.

◎ 이하 기생 이름의 일부분을 든다.

월색月色, 연심蓮心, 유색柳色, 홍도紅桃, 경패瓊佩, 옥엽玉葉, 채경彩瓊, 해주海州, 모단牡丹, 벽도碧桃, 운향雲香, 도화桃花, 비취翡翠, 농화弄花, 매화梅花, 진홍眞紅, 금홍錦紅, 난주蘭珠, 화선花仙, 강진康津, 연련娟蓮, 월출月出, 농선弄仙, 월희月姬, 죽엽竹葉, 계심桂心, 계화桂花, 취월翠月, 연화蓮花, 농주弄珠, 연홍蓮紅, 행화杏花, 옥향玉香, 봉희鳳姬, 이화李花, 농월弄月

이름만 들으면 수화폐월羞花閉月,[1] 침어낙안沈魚落雁[2]의 느낌이 나지만, 싸구려 머릿기름을 덕지덕지 바르고 있기 때문에 여름밤 밀폐된 온돌에서 7시간 4원의 유흥은 사활의 문제일 것이다.

---

1 꽃도 부끄러워하고 달도 숨는다는 뜻으로, 여인의 얼굴과 맵시가 매우 아름다움을 비유적으로 이르는 말.
2 미인을 보고 물 위에서 놀던 물고기가 부끄러워서 물속 깊이 숨고 하늘 높이 날던 기러기가 부끄러워서 땅으로 떨어졌다는 뜻으로, 아름다운 여인의 용모를 이르는 말.

◎ 방인邦人이 조선의 시골을 여행할 때에는 대부분 말을 타고 간다. 이전에는 지폐나 은화가 통용되지 않았으므로, 긴 여정일 경우 자기가 말을 타고 마부에게 고삐를 잡게 하고, 여분의 한 마리를 빌려 돈을 넣은 주머니와 휴대물품과 함께 말 등에 싣게 되는데 실로 귀찮은 일이 아닐 수 없다.

◎ 그러나 요즘은 북한 지방의 경우 다소 불편하기도 하지만, 남한 지방에는 일본지폐를 가지고 간다. 그리고 방인이 이곳저곳에 살고 있고, 중요한 땅이어서 많은 방인이 시찰유람을 나가는 방면에는 대체로 방인의 숙소가 있다. 그래서 아침에 출발할 때, 숙소에서 그날 하루분의 필요한 물건을 사서 준비하여 일본 지폐를 지불하고 외출하게 되면, 특별히 짐 실을 말은 필요치 않다.

◎ 그런데 조선 말은 어떠한가. 경성에서는 높이가 3척 약간 안 되는 말을 타고 외출을 하는데, 이 말은 사람을 태우고 하루 평균 12리를 걷는다. 그리고 역장驛場이 있어서 매일 새로운 말로 갈아타는 것이라고 생각하지 쉽지만 그렇지는 않다. 일본 말의 반절도 안 되는 마르고 작은 체구이

면서도 엄청나게 힘이 세다. 1개월이든 2개월이든 참아낸다. 일본 말이라면 달리는 속도가 빠르지만, 그다지 지구력이 없다. 또한 도로가 험하고 곳곳에 일본 말이 건넌다면 떨어질 듯한 작은 다리가 있다. 조선의 시골여행은 조선 말이 최고다.

◎ 게다가 조선 말은 전부 편자를 박아 놓았으므로 짚신을 신겨줄 번거로움도 없다. 일본에서 편자를 박은 것은 메이지明治 시대가 되고 나서부터이지만, 조선에서는 옛날부터 편자를 알고 있었다.

◎ 그러나 한인이 말을 극진히 다루는 모습은 놀랍다. 여행 중 점심식사 때에는 2시간이나 휴식하지만, 그동안 마부는 술이라도 마시고 쿨쿨 코를 골겠지 생각하기 쉬우나 절대로 그렇지 않다. 한시도 말의 곁을 떠나지 않는다. 말에게는 콩 등을 넉넉히 주고, 털을 빗어주고, 다리를 씻겨주는 등 극진히 말을 돌본다. 말은 아주 천천히 콩을 씹어 먹는다. 말의 식사는 1시간 반 이상이나 걸린다. 장거리 여정이 가능한 이유 중의 하나가 바로 이 말을 소중히 여기는 습관이기도 할 것이다.

◎ 시골을 여행하면 일본이라면 가는 곳마다 전원의 정취가 충만하여, 논밭과 들판 사이에 나무들로 빽빽이 우거진 촌락이 마치 크고 작은 섬들과 같이 흩어져 있는 광경을 볼 수 있다. 그러나 조선의 시골은 전혀 정취가 없다. 우선 마을에는 나무가 많지 않고 왕년에 러시아인이 수입했다던가 해서, 포플러 나무가 거의 가는 곳마다 있으나 우리 내지內地의 시골처럼 우거진 맛이 없다.

◎ 이것을 2, 3정 떨어져서 바라보면, 촌락은 그저 회색 한 가지로 일관된, 가마솥을 엎어 놓은 듯한 한 무더기의 초가지붕이다. 자초지종을 조사해 보니, 각각의 마을마다 쇼야庄屋[1]의 집이라고 생각되는 곳도 없지는 않으나, 우리 내지의 쇼야의 집과 같이 멀리서부터 흰 벽의 두꺼운 흙벽

78

이 보이고, 두드러지게 큰 저택이라고 바로 알 수 있는 것은 아니다. 이는 도적이나 세리의 약탈을 염려하여, 다른 집보다도 훌륭한 저택으로 집을 짓는 것을 피했기 때문일 것이다.

◎ 우리 내지라면 마을 밖에는 반드시 진주사마鎭守樣[2]가 있다. 진주鎭守의 숲[3]도 없고 사루타히코노오카미猿田彦大神[4]라든가 니주산야토二十三夜塔[5]라든가 하는 종류도 없다. 전원과 촌락이 이렇게 살풍경하니 각각의 집은 오죽하겠는가. 뒤뜰도 없고 수목도 없으며 단지 썩기 시작한 초가 지붕만이 빼곡히 늘어져 있어 어떤 풍취도 찾을 수 없다.

◎ 단 간혹 마을외곽에 때때로 6척 정도의 나무에 남자 얼굴과 여자 얼굴을 새긴 기둥이 서 있는데 각각 '지하대장군', '지하여장군'이라고 써져 있다. 이것이 마을 사람들이 신으로 섬기는 본존이라고 하니 참으로 초라하기 그지없다. 지방의 소도회지에는 3간間 정도의 깃대와 같은 것이 서 있는 것을 볼 수 있다. 하나의 자연석을 깎아 만든 것으로 위쪽에는 1척 정도의 십자형 기둥이 붙어 있다. 그런데 이것은 깃대도 아니고, 혹은 각종의 주술적인 기도를 위한 빨간 종이가 붙어 있는 것도 아니다. 이것은 단지 이곳이 마을이라고 하는 표시인 듯 하다.

◎ 시골집에는 경성 시내에서 볼 수 있는 문에 시구詩句 같은 것을 적어

---

1 에도江戶 시대 마을의 사무를 통할했던 사람. 지금의 촌장에 해당함.
2 지방, 촌, 성城, 사원 등 일정지역이나 조영물을 수호하기 위하여 모시는 신.
3 신사神社에 부속되어 참도參道나 배소拜所를 둘러싸듯이 설정, 유지되는 삼림.
4 일본신화에 등장하는 신으로 니니기노미코토瓊瓊杵尊가 하늘에서 지상으로 강림할 때 길안내를 한 괴이한 용모의 신이다. 『일본서기日本書紀』에 길衢의 신으로 믿어졌고 중세이후 경신신앙庚申信仰이나 도소신道祖神과 연결되었다.
5 23일 밤에 사람들이 모여 월출을 기다리는 '월대月待'라고 하는 행사와 관련된 석탑. 숭배의 대상으로 13이 밤은 허공장보살, 15일 밤은 대일여래, 17일 밤부터 22일 밤까지는 관음보살을 본존으로 하고, 23일 밤은 세지보살을 본존으로 하여 제사를 지낸다. 세지보살은 지혜의 빛을 가지고 모든 것을 비추며 모든 고통에서 벗어나 중생에게 무한한 힘을 갖게 하는 보살이라고 신앙되고 있다. 달은 세지보살의 화신이라 믿어졌음.

붙인 종이는 더욱이 없다. 개나 닭은 많이 있으나 말을 타고 가면 개가 으르렁거리지도 않는다. 조선의 개는 시골에 가도 역시 비실비실해서 꼬리를 단단하게 말아 올리고 눈을 번뜩이는 날쌔고 사나운 개는 찾아볼 수 없다.

◎ 시골에도 마을마다 반드시 유덕한 군자라고 할 만한 학자가 있다. 그들은 공자와 맹자의 가르침을 받들어 논어맹자의 인의효제仁義孝悌를 널리 마을 사람들에게 전파하여, 마을의 도덕은 온통 유교의 지배를 받고 있다. 그럼에도 불구하고 종교적인 문제에서는 관제묘關帝廟나 불사佛事가 중시되는 것이 아니라, 그저 사령死靈, 생령生靈, 귀신鬼神을 경외할 뿐이다. 그리고 문명의 신지식이 없으므로 대부분의 사람들이 무지하고 모두 배일排日 사상을 품고 있다. 그들은 많은 일본인이 조선에 들어와 조선의 땅을 점령하고 매수해 버려 자신들은 결국 논밭을 잃고 집을 잃게 되어 굶어죽게 될 것이라 걱정한다.

◎ 각 촌에는 촌장과 같은 자가 있다. 그러나 마을 사무소의 팻말도 걸지 않고 자신의 온돌방 안에서 역할을 수행하고 있기 때문에, 밖에서 보면 어느 집이 촌장의 주거인지 전혀 알 수 없다.

◎ 시골이라고 하면 곧바로 냇물이나 맑은 강을 상상하지만, 조선의 시골에는 그러한 맑은 물은 좀처럼 찾아볼 수 없다. 어디를 가든 불결하다. 게다가 모든 마을에서 돼지를 치고 있고, 해안이 아니라면 날 생선은 먹을 수 없어 말린 명태나 돼지고기 따위가 유일한 별미이다.

◎ 시골의 백성은 여자도 모두 밖에 나가 일을 하며, 복장은 경성京城에 사는 하층의 여보와 같지만, 남자는 팔과 다리가 드러나는 짧은 것을 입고, 여자의 경우는 노동할 때에 팔이나 바지자락을 걷어 올린다. 그리고 아침엔 일찍 일어나 밤에는 빨리 잠에 든다. 식사는 세 번이나 네

번도 먹을 때가 있고, 많이 일하는 무렵에는 많이 먹기 때문에 5월 모내기 때에는 몇 번이고 먹는다. 모내기는 일본의 경우와 마찬가지로 밭을 많이 가진 자나 적게 가진 자나 모두 공동으로 순서대로 그 일대의 모내기를 한다. 경성 부근에서는 술과 안주까지 준비하고 한편에서는 피리와 큰 북으로 장단을 맞추며 떠들어 대고 한편에서는 모내기를 하기도 한다고 하는데, 시골에서는 그러한 쓸데없는 짓은 하지 않고, 그저 밥과 평범한 반찬을 많이 가지고 가서 몇 번이고 먹는 모양이다.

◎ 시골여행의 말은 1리里 30전 정도다. 한인韓人의 여관에서 묵으면 식사는 하루 20전 정도이고 온돌의 따뜻한 방에서 자면 여보들과 같은 방에 거할 수 있는 영광을 얻을 수 있어서, 그것이 싫어서 혼자 떨어진 온돌을 주문하면, 불을 때우지 않고 옷을 입은 채로 이불도 없이 자야 하기 때문에 겨울은 추워서 참을 수 없고, 여름에도 춥게 느껴져 곤란하다. 그 대신 여관에는 20전의 식대가 들지만 방에 대한 비용은 없다.

◎ 근년 전주 지방의 시골에 두종痘種을 보내어 경찰에서 한민에게 종두[6]를 장려해 실행하려고 하였을 때 그들은 절대로 응하지 않았다. 그 약은 센 독으로 그것이 신체에 닿으면 남자의 생식기가 썩고, 여자는 평생 임신할 수 없게 된다. 일본은 조선인의 종을 끊으려고 생각해 이런 짓을 하는 것이라며 매우 기피해, 우리들은 조상 대대로 곰보였으니 우리들도 곰보가 되는 것이 자손의 도리라고 비실거리는 늙은이처럼 군다고 한다.

◎ 시골 여행도 4, 5년 전에는 한가로웠다. 지금은 시골뜨기까지도 일반적으로 배일사상에 감화되어서 일본인이라고 하면, 곧 시기하고 의심스러

---

6 천연두를 예방하기 위하여 백신을 인체의 피부에 접종하는 일. 1796년에 제너가 우두 바이러스에 의한 인공 면역법을 발견한 이래 널리 보급되었음.

운 눈초리로 쳐다보아 상당히 사정이 좋지 않다. 4, 5년 전까지는 시골에 가면 일본인이 왔다고 신기해했다. 한인 여관에서도 돈을 좀 주면 꽤 청결한 온돌을 특별히 빌려주고 불도 때주며 꽤나 우대했었는데 말이다.

◎ 시골을 순회한 두 남자의 재미있는 이야기를 두세 가지 소개하고자 한다. 두 남자가 권총과 속에 칼을 장치한 지팡이를 챙겨서, 어깨에 걸친 가방 안에는 매약賣藥을 넣고, 잘 되면 돈 벌이가 되고, 팔리지 않아도 썩지 않는다며 여행길을 나섰다.

◎ 경성京城에서부터 남쪽으로 철도를 따라 시골을 걸어서 찾아갔다. 일본의 시골에서는 맹견이 길 한가운데 작은 다리 위에 드러누워 왕왕 하고 혼내듯이 무서운 소리로 짖어 여행객들을 곤란하게 하지만, 조선의 개들은 꼬리를 딱딱하게 말고 용감하게 맞서겠다는 날쌔고 사나운 개는 거의 눈에 띄지 않는다. 사람을 보고서 비실비실 피하는 종류이기 때문에 이것은 꽤나 다행이다. 그 외에 이렇다 할 불편함이나 고충도 없다.

◎ 여관에 머물며 '일본의 영약靈藥 있음'이라고 밖에 종이로 된 간판을 붙여 놓으면, 많은 여보들이 찾아온다. 손님이 왔구나 하고 가방에서 위산胃散,[7] 보단寶丹,[8] 해독제의 캔을 모두에게 보여 주면 그들은 하나하나 꼼꼼히 살펴본다. 하지만 보기만 할 뿐 한 개도 사지 않는다. 어떤 약인지 모르겠다고 하지만, 이쪽도 한국어로 말할 수 없기 때문에 설명을 할 수 없다. 결국 장사를 할 수 없는 것이다.

◎ 그래서 한 가지 계책을 생각해 내어, 촌민村民이 논밭 일을 하고 있는 근처의 언덕 위에 올라가서 내려다보기로 하였다. 그러면 신기한 것이 있구나 하고 그들이 몰려 모여드는 것이다. 그중에는 얼굴색이 좋지

---

7 명치가 아프거나 속 쓰림에 쓰이는 분말 내복약.
8 속 쓰림, 구토, 과식, 과음 등에 쓰이는 내복약.

않아, 딱 봐도 병자라고 보이는 사람이 2, 3명 있었다. 그들을 잡아두고 약을 주고 그 자리에서 복용하도록 했다. 위에서 트림을 시작되자 병자는 바로 효과가 있다고 놀란다. 하지만 시골에서는 일본돈 10전은 매우 큰돈이어서 별로 사는 사람이 없다. 역시 장사가 안 된다.

◎ 하루는 회충약이 필요하다고 필담筆談으로 요구하는 자가 있어, 회충약을 가지고 있지 않아 벼룩 잡는 가루약을 복용하도록 했다. 난폭하기 그지없는 의사다. 그런데 그 약에는 무엇인가 극약이 섞여 있었기 때문에 수년간 완고히 장내에 붙어 있던 벌레들이 하룻밤에 복통을 일으켜, 경사스럽게도 배출되어 뜻밖의 공을 세웠다.

◎ 마을을 지나가자, 여보나 총각이 대거 나와서 앞뒤 좌우로 들러붙어 번잡하다. 그럴 때에는 번쩍이는 지팡이의 칼을 빼면 '와 ─' 하고 도망친다.

◎ 어느 날 저녁에 기차를 탈 생각이었지만 길을 헤매서, 터무니없는 외진 시골에 들어가 여관에 머물게 되었다. 잘 모르는 지역인지라 하루 종일 정거장으로 가려고 걸었던 피로 탓에 여보의 술을 한 홉 마시자 갑자기 피곤해졌다. 자려고 하자 대변이 마려웠다. 어두컴컴한 속에서 끊임없이 여보들이 집 주변을 왕래하고 있었기 때문에 어디에서 일을 보면 좋을까하고 어둠 속에서 이쪽저쪽 찾아다니다가, 수숫대로 둘러싸인 삼척사방三尺四方의 변소를 발견했다. 항아리가 땅에 묻혀 있고 세심하게도 뚜껑까지 있으니 이것이겠구나 하고 뚜껑을 열고 기분 좋게 하루분의 대변을 잔뜩 보았다. 참 개운하구나 하며 방으로 돌아와 동료에게 이야기하자 동료는 곤란하다는 듯한 표정으로 "큰일이네, 그것은 변소가 아니네. 이 집의 여보가 가장 중요하게 여기는 절인 음식을 두는 항아리일세. 내일 아침 알게 되면 얼마나 화낼지 모르네."라고 했다.

우습다기보다는 걱정이 앞섰다. 생선도 고기도 별로 없는 곳이기 때문에 절인 음식은 매우 중요하다. 어떻게 해야 할지 고심했지만 방법이 없었다. 야반도주를 하는 것도 마땅치 않으니 아침 일찍 어두울 때 이 집을 나가서 1리—狸라도 도망간다면 괜찮을 것이라고 생각해 급하게 주인을 불러서 우리들은 아침 일찍 급하게 출발해야 한다고 말했다. 주인은 고개를 흔들면 그것은 "곤란합니다."라고 말한다. "왜 안 되는가?" 하고 묻자, 주인은 "방금 아내가 출산을 했기 때문에 지금 머물고 있는 손님들에게 축하를 받아야 하니 3일 정도 출발을 연기해 주십시오."라고 하는 것이었다. 이것이 조선의 산부産婦가 출산했을 때의 상례常例라는 말을 듣고 둘은 벌어진 입을 다물지 못한 채, 잠시 어안이 벙벙해 얼굴을 맞대고 있었다. 3일이나 발이 묶이는 것은 큰일이다. 어차피 놀고 있는 신세라 여관에서 대접받는 것도 귀가 솔깃한 이야기이지만, 절인 음식의 일이 분명 밝혀질 것이다. 이 일은 아무래도 오늘밤 안으로 해결하지 않으면 안 된다고 둘이서 상의한 끝에, 다시 주인을 불러서 "우리들은 급하게 여행 중이라 3일이나 도저히 체류할 수 없습니다. 게다가 우리들은 일본인이니, 조선의 관습을 지킬 필요는 없습니다."라고 강경하게 나갔다. 주인은 여전히 그래도 안 된다고 했지만 조금 여유 있게 값을 치르고 다음 날 아침 어두울 때 가방을 메고 그 집을 도망쳐 나왔다. 굳이 서두르려고 하지 않았지만 그래도 도둑이 제 발 저린다고 다리가 저절로 빨라져서 날듯이 마을을 빠져나왔다. 이윽고 날이 밝아질 무렵에는 1리 정도나 도망쳐서 이제 괜찮겠지 하며 연신 뒤를 돌아보며 그날은 온종일, 지금쯤 여보가 절인 음식 항아리의 뚜껑을 열어보고 코를 막고 화를 내고 있을 것이라며 우리 둘은 몸을 가누지 못할 만큼 웃어댔다.

◎ 그날 밤 7, 8리 정도 떨어진 마을에 도착해 다시 여보의 여관에 머물게 되었다. 그날 밤은 동료 남자가 끈을 부여잡고 대변을 누고 있는데, 문 앞이 갑자기 시끄러워지더니 '불량배다. 불량배다.' 하며 마을의 여보들이 소리치며 왔다. 예의 화적火賊이란 녀석들이 이 마을을 약탈하러 온 것이다. 방에 남아 있던 남자는 칼이 들어 있는 지팡이를 집어 들고 불안해하고 있는데, 변소에 간 동료가 아무리 기다려도 돌아오지 않았다. 너무 걱정이 되어 마음이 놓이지 않아 문을 열고 나섰다. 그러자 동료가 어둠 속에서 뭔가 열심히 씻고 있었다. "왜 그러고 있습니까?"라고 묻자 "떨어졌다네, 똥통에. 자네가 어제 나쁜 짓을 한 업보가 내게 돌아오다니, 한심하군. 실은 신어 본 적도 없는 여보의 가죽신발을 대충 신고, 불안 불안한 똥더미 위 발판 위에 앉아 매달린 밧줄을 붙잡고 힘을 주어 대변을 누려는 순간, '불량배다, 불량배다'라는 요란한 외침에 앗 하는 순간 발밑의 흙이 무너져서 순식간에 떨어졌다네. 지금 그것을 씻어내고 있는 것이네."라고 대답하였다. "불량배다, 불량배다"라는 외침이 더욱 커지고 요란해지자 점점 두려워지는 한편, 동료의 일도 너무 우습다고 생각하는 동안, 마을 사람들이 이쪽저쪽에서 예의 화승총火繩銃을 발포하는 소리가 났다. 불량배는 이미 마을 사람들이 방비를 하고 있다고 판단했는지, 마을로 쳐들어오지는 않았다.

조선의 연극

암흑의
조선

◎ 나무로 만든 출입구로 접어들면 여느 때와 같은 조선피리가 '삐삐' 대북이 '둥둥' 요란하기 그지없다. 한인韓人들에게는 필시 그것은 멀리서 들어도 가슴 뛰게 하는 훌륭한 소리이지만 우리들에게는 엄청난 민폐일 뿐이다. 극장 안에 들어서면 그 피리, 대북, 징 소리가 날카롭게 귀를 따갑게 해서 이야기하는 소리도 들리지 않으니 시끄러워 참을 수 없다.

◎ 한인韓人은 신발을 신은 채로 장내場內로 들어가기 때문에 장내가 불결해지지만, 마루방 바닥에 물을 끼얹어 두면 먼지가 나지 않고, 신발을 벗는 번거로움이 없어서 좋다. 내가 구경을 갔을 때는 연예회풍演藝會風으로 했기 때문에, 시작은 그 무동舞童이라고 불리는 자들의 몫이다. 5세에서 15세까지의 한동韓童이 긴 소매의 장식 옷을 입고 어른들의 어깨에 올라선다. 그러면 어른들은 마루방을 이리저리 돌아다닌다. 어깨에 양발로 올라간 한동韓童은 손을 자유롭게 흔든다. 위험한 기색은 조금도 없고 정말로 재미있다. 곡마류曲馬流로 사람을 삼단三段으로 해서 그 위에 가장 작은 아이를 태우고 자유롭게 돌며 춤을 춘다. 무척이나 경쾌하고 재치가 있다. 이것도 분명히 하나의 예藝이다.

◎ 다음은 연극의 본론으로 들어간다. 피리, 종, 대북 등의 연주자는 일동 무대를 향해서 왼쪽 옆으로 늘어선다. 배우는 전부 기생妓生이고 연주자들은 전부 남자이다. 배우 중에 남자는 하나도 없다.

◎ 막이 열리면 무대는 기생들로 가득하다. 그 수가 사오십여 명으로 중앙에 두 칸間 정도의 거리를 두고 옆으로 얼굴을 마주보고 서서, 좌우 각 이십 여명의 기생이 2열, 3열로 조금 불규칙적으로 늘어선다. 마치 여학교 생도가 체육시간에 '집합' 하면 모이는 모양새로, 구경꾼들에게 얼굴을 향해서 잘 보이도록 하려는 친절함은 조금도 볼 수 없다. 좌우 두 조組의 패거리가 본인들의 무료함을 달래고자 제멋대로 연극을 하는 것 같다. 사람 수도 많고, 등장인물 이외에도 시중을 담당하는 많은 남자들이 그 뒤를 어수선하게 서 있기 때문에 각 배우의 자세나 옷차림이 전혀 구경꾼의 눈에 들어오지 않는다. 떼를 지어 모여 있다가 무엇인가 사건이 일어난 것 같은 모양새이다. 일본의 연극과 같은 배경이라고 할 만한 것도 없고, 마치 파출소 앞에 모인 군중들 같다.

◎ 한편 기생, 즉 등장배우들의 복장을 살펴보자면, 머리에는 서양부인 같은 모자를 쓰고 있고 그 모자에 붉은 술이 달려 있어, 근래 우리나라에서 유행하는 어린이 모자와도 비슷하다. 몸에는 수를 놓은 비단이 아니라 기생이 외출 할 때 입는 평상복에, 옅은 노랑의 진바오리陣羽織[1] 같은 것을 걸친다. 이것이 걸을 때마다 펄럭펄럭 옷자락이 움직여, 중국의 미인화에서 볼 수 있는 비단을 걸치고 있는 것과도 비슷하지만 그런 좋은 품질의 것이 아니다.

◎ 빨간 술 장식이 달린 모자를 썼기 때문에, 얼굴이 아름다운지 추한지

---

1 일본의 의복. 진중에서 갑옷 위에 입던, 비단·나사 따위로 만들고 소매가 없는 겉옷.

잘 알 수 없다. 모두가 젊어 보이게 하는 비책의 화장용 분이야말로 일반적으로 사용되고 있지만 일본처럼 얼굴을 붓으로 꾸미는 일은 없다. 여학생의 유희 정도의 것이다. 그 사이 음악을 담당하는 사람은 삐一삐, 둥둥 와자지껄 연주를 한다.

◎ 이윽고 붉은 중국풍의 투구와 갑옷을 입은 기생이 네 명 나온다. 대열보다 한 발짝 앞으로 나와 줄지어 선다. 그 전면에 붉은 히타타레直垂[2]와 같은 옷을 입은 자가 둥근 의자에 앉는다. 그 여자와 마주보고 오른쪽 열 앞에도 푸른 옷의 장군모습을 한 사람이 앉는다. 붉은 의상의 배우와 나란히 문관文官풍의 사람이 한명 앉는다. 무대의 전면에는 기생 두 명이 서서 창을 교차시키고 자세를 갖추고 있다. 왠지 홍문연鴻門宴[3] 같다는 생각이 들었는데 역시 홍문연이라고 한다.

◎ 오른쪽에 정렬한 푸른 옷은 초楚, 왼쪽에 정렬한 붉은 옷은 한漢, 패공沛公 옆에 녹황색 옷을 입고 앉은 것은 장량張良이다. 그리고 모두가 교대로 항우項羽의 앞으로 나아가서 절을 하고 잔을 받는다. 잔이 한 바퀴 돌면 무대에 있는 오십여 명의 기생이 다 느린 가락으로 무언가를 부른다. 그러면 반주 음악을 담당하는 사람의 피리 북 소리가 일제히 울려 퍼진다. 이 부분은 다소 오페라와 비슷하다는 생각이 든다. 기생의 목소리가 가늘고 맑아 그 연창은 듣기 좋다. 조선의 연극에는 아무 장점이 없지만 그 연창만은 기분이 좋다. 실로 부드럽고 애처로운 목소리다.

---

2 옛날 예복의 일종. 소매 끝을 묶는 끈이 달려 있고 문장紋章이 없으며 옷자락은 하카마(=하의) 속에 넣어서 입음. 옛날에는 평민복이었으나 후에 무가武家의 예복으로 사용되고 공가公家들도 입었음.

3 『사기史記』에서 기원전 206년 유방劉邦이 함양咸陽을 선점한 후 병력을 보내 함곡관函谷關을 지키도록 하였으나, 곧바로 항우가 대군을 이끌고 들이닥쳐 홍문鴻門에서 주연을 베풀고 유방을 초대하였는데, 주연에서 항우의 모사인 범증范增이 항장項莊에게 검무를 추는 체하다 유방을 죽이도록 명하였으나, 유방은 위험을 알아차린 부하 장수인 번쾌樊噲 등의 호위로 무사히 위기를 벗어날 수 있었던 고사에서 유래함.

양측에 2열로 줄지어 선 기생은 양 군軍의 장졸을 비유한 것인지, 연회의 자리의 시녀인지, 아니면 반주음악을 담당하는 사람 격인지 도무지 알 수 없다.

◎ 술잔이 한 바퀴 돌면서 연창이나 음악이 울리고, 이것이 끝나면 또 항우의 앞으로 나와서 순서대로 술잔을 받는다. 몇 번이나 같은 일을 반복한다. 그러던 중 무대 전면에 교차된 창을 풀고 이 척 정도의 판자를 왼손에 들고 항우의 앞으로 달려오는 자가 있다. 그리고 무언가 큰 소리로 항우에게 고한다. 이자가 바로 번쾌인 것이다. 창을 교차한 것은 문을 상징한 것이라고 그때 비로소 깨달았다.

◎ 하지만 무대의 배치가 나쁘기 때문에 남의 집 좌식 연회를 울타리 밖에서 엿보는 것 같다. 항우도 패공도 얼굴이 잘 보이지 않는다. 범증은 어디에 있는지 전혀 보이지 않는다. 문을 상징하는 창을 든 기생 두명 때문에 무대가 가득 찬 꼴이다. 관객에게 보여주고자 하는 배려가 없어 몰상식도 이만저만이 아니다. 게다가 앉아서 절을 할 때나 술잔을 받아서 자리로 되돌아 갈 때 등, 칠칠하지 못하게 웃고 있는 모습은 유치하기 짝이 없다.

◎ 그러나 붉은 옷, 푸른 옷을 입고 하얀 술 장식이 달려있는 모자를 쓰고 있는 기생이 오륙십 명이나 등장하고 거기에 묘한 악기로 반주를 하고 있는 터라 곱고 흥겹다. 몸짓을 보는 연극으로 대사나 얼굴 표정은 관계 없다. 저것을 저대로 진보시키면 오페라가 될 것이다.

◎ 다음으로 평양의 관찰사가 그 옛날 군수를 소집해서 궁술대회를 여는 장면으로, 그것도 사오십 명의 등장인물에 반주자 여러 명이 나온다. 모두 기생으로 아름답게 차려입었고 관찰사는 붉은 옷을 걸쳤다. 먼저 군수가 순서대로 축하의 말을 올리고 술잔을 받는 것이 끝나면 드디어

궁술대회가 시작된다. 조선식 반궁半弓[4]으로, 무대의 한쪽 끝에 3척 길이의 삼베를 치고 그것을 과녁으로 삼고 다른 한쪽 끝에서 순서대로 활쏘기를 한다. 뭔가 있겠지 하고 꾹 참고 보고있어도 전혀 무의미한 사격으로 막이 내렸다. 어처구니가 없어 말이 안 나온다. 그러나 조선 연극에서는 위의 두 막 정도가 시대물時代物인 것이다. 발을 어떻게 옮기고 손을 어떻게 움직이는가 하는 가타形[5]는 전혀 찾을 수 없다. 실로 유치하기 짝이 없다. 조선인은 매우 섬세한 기술은 무리이며, 관객 쪽도 감상할 능력이 없는 것이리라.

---

4 앉아서 쏠 수 있는 짧은 활.
5 노能나 가부키歌舞伎 등의 예능이나 무도武道 등에서 규범이 되는 동작·방식.

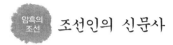 조선인의 신문사

◎ 조선의 일간신문은 모두 다섯 종류가 있다. 가장 오래된 것은 중립의 『황성신문皇城新聞』.[1] 그리고 최근 떠들썩하게 문제가 된 영국인 배설裵設(E. T. Bethell)이 소유주인 반일주의의 『대한매일신보大韓每日申報』.[2] 다음은 일진회一進會의 기관신문인 『국민신보國民新報』.[3] 다음은 『제국신

---

1 1898년 9월 5일에 창간된 신문. 주 2회간이던 〈대한황성신문〉의 판권을 인수하여 〈황성신문〉으로 제호를 바꾸고 일간신문으로 창간한 것이다. 독자대상을 중류 이상으로 두었던 이 신문은 1910년 경술국치로 그해 8월 30일부터 제호를 〈한성신문〉으로 바꾸어 발간하다가 같은 해 9월 14일 제3,470호로 폐간되었음.

2 1904년부터 경술국치 때까지 발간된 일간지. 영국인 배설裵設(E. T. Bethell)이 양기탁 등 민족진영 인사들의 도움을 받아 1904년 7월 18일에 창간했다. 발행인이 영국인이었기 때문에 주한 일본헌병사령부의 검열을 받지 않고 민족진영의 대변인 역할을 수행, 가장 영향력 있는 대표적인 언론기관이 되었다. 창간 당시 타블로이드판 6쪽으로서, 그중 2쪽이 한글전용, 나머지 4쪽이 영문이었다. 이듬해 8월 11일부터는 영문판과 국한문판을 따로 떼어 두 가지 신문을 만들었다. 영문판 제호는 〈The Korea Daily News〉였다. 논설진은 양기탁·박은식·신채호 들로서, 강경한 항일논조를 펼쳤으며, 이에 따라 배설이 금고형을 받고 양기탁이 체포되는 등 일제의 탄압을 받았다. 1907년에는 발행인 명의를 영국인 만함萬咸(A. Mamham)으로 바꾸었고, 뒤에 이장훈이 맡았으나 경술국치 이후 총독부 기관인 〈매일신보〉가 되었음.

3 1906년 1월 6일에 일진회一進會의 기관지로서 창간된 친일신문. 초대사장은 일진회 회장 이용구였고, 2대 송병준, 3대 한석진韓錫振, 4대 최영년崔永年 등 친일 우두머리들이 차례로 경영을 맡았으나 독자가 별로 없었고, 1907년 7월에는 친일논조에 불만을 품은 군중에 의해 사옥과 인쇄시설을 파괴당하는 수모를 겪기도 했다. 당시 민족지 〈대한매일신보〉로부터 호된 비판을 받고 여러 차례 논전을 벌이기도 하면서 10년 7월경까지 명맥을 잇다가 경술국치 무렵 폐간되었음.

문帝國新聞』.[4] 가장 늦게 생긴 것은 통감부 및 현 조선내각의 기관신문인 『대한신문大韓新聞』[5]이다. 가장 오래된 『황성신문』이 2천 몇 호, 가장 늦게 나온 『대한신문』의 경우 겨우 3백 몇 호에 지나지 않으니, 조선 신문의 역사가 어떠하리라는 것은 대충 짐작이 간다.

◎ 신문 사업이 아직 매우 미숙한 탓일까? 조선인의 특성이 무사태평하기 때문에 여러 직업 중에서도 가장 바쁘다고 일컬어지는 신문기자마저 참으로 무사태평하기 짝이 없다. 기자라고는 하지만 관공서를 방문하지도 않고 재야 유지有志의 집을 찾아가지도 않는다. 대신大臣의 회의가 있든 지방관회의가 열리든 기자 선생은 완전히 마이동풍이다. 과연 그렇구나. 4쪽의 국판 두 배 정도인 지면 가운데, 먼저 두 면이 논설이나 잡다한 정보로 가득 차 있고 그 외에는 모두 광고이다. 그것이 전부 4호 활자라고 하니, 얼마나 그날그날의 자료가 적은지 상상할 수 있다.

◎ 한편 조선의 신문이 매일 어떻게 나오는지 그 개요를 설명하는 것도 조금은 흥미로운 일이라고 생각한다. 어느 나라의 신문이라도 사론社論은 그 신문의 정신이다. 소위 그 회사의 주장이다. 논설기자는 대체로 일류기자지만 각 회사는 반드시 논설기자를 두고 있는 것은 아니다. 우선 촉탁嘱託기자다. 매일 논설 한 편을 기고하고 매월 어느 정도의

---

4 1898년 8월 10일에 창간된 일간지. 원명은 〈뎨국신문〉. 이종일李鍾一이 창간했으며, 1910년 일제에 의해 강제 폐간될 때까지 한말의 대표적 민족지로서, 〈황성신문〉과 함께 가장 오랜 발행실적을 기록했으며, 특히 한글전용을 고수하여 서민층과 부녀자층에 많은 독자를 가지고 있었다. 초기에는 이종일을 비롯하여 이승만도 논설을 집필했으며, 최강崔岡·이인직李人稙·이해조李海潮 등이 제작에 참여했다. 폐간될 때까지 경영난과 일제의 탄압으로 인한 필화사건 때문에 여러 차례 정간을 거듭했으나, 국민의 문명개화와 자주독립을 위해 노력하였음.

5 개화기의 친일신문. 1907년 7월 8일 『만세보』가 경영난에 봉착하자, 이완용李完用과 관계를 가지고 있던 이인직李人稙이 시설 일체를 매수하여 발족하였다. 이완용 내각의 친일 시정을 열렬히 옹호 선전하였다. 1910년 8월 30일 『한양신문』이라 고쳐서 31일자를 발행한 후 종간하였음.

봉급도 받고 있지만 내직內職이다. 회사에 따라서는 전문적인 논설기자, 즉 주필을 두고 있는 곳도 없는 것은 아니다.

◎ 그 다음으로 일반기자라고 하는 쪽을 살펴보면 이것 또한 허술하기 그지없다. 기자라고 하면서 무엇 하나 자신의 머리에서 궁리해 내놓는 것이 없다. 일본의 신문기자와 비교하면 어이가 없어서 말도 안 나온다. 3명이고 4명이고 일단 10시경부터 예의 의관속대衣冠束帶를 하고 당당하게 걸어 나와서는 각자 정해져 있는 책상에 앉는다. 각지에서 드물게 오는 통신을 검열하여 잡보雜報를 만들기도 하고, 관보에서 서임사령敍任辭令이나 법령의 필요한 부분을 잘라내어 공장에 보낸다. 그리고 요즘은 신문의 재료를 공급하는 통신사라는 유용한 기관이 있다. 이것은 물론 일본의 한자와 가나가 섞인 글인데, 다행스럽게도 조선의 신문기자는 일본의 한자와 가나가 섞인 글의 의미를 파악하고 있기 때문에 그것을 번역한다.

◎ 다음은 탐방이다. 그러나 이 탐방도 조선의 신문에서는 그 회사 전문의 것이 아닌 것이 많다. 예를 들면 갑甲탐방은 어느 어느 두 신문사에 재료를 공급하고 두 회사에서 일정한 봉급을 받고 있는 사람도 있다. 오후 4시경이 되면 이른바 탐방 선생이 보낸 재료가 심부름꾼을 통해 도착된다. 탐방 선생은 결코 회사에 나오지 않는다. 편집국의 기자는 탐방이 보낸 원고를 검열하여 하나하나 깨끗하게 베껴 쓴다. 이와 같은 형국으로 기자라는 것은 그저 베껴쓰기 담당에 지나지 않기 때문에, 참으로 단순하고 기계적이다.

◎ 중국과 조선은 원래가 문자의 나라이다. 어떤 선생이라도 이를테면 달필이라 할 수 있다. 다만 그 결점 ─특히 신문기자로서의 결점─은 생략한 문자를 쓰지 못하는 것과 또 읽지 못하는 것이다. 그들의 원고는

완전히 우리의 청서淸書[6]이다. 조금도 자획을 생략하지 않는 해서체의 깔끔한 문자는 마치 활자 그 자체이다. 자획을 생략하지 않고 신중하게 원고지에 또박또박 쓰기 때문에, 얼마나 느린지 이루 말할 수 없다. 이제 곧 5시라 원고마감을 하지 않으면 안 된다고 할 때에도 그들의 원고는 여전히 활자와 같은 해서체이다.

◎ 또 하나의 희한한 광경은 교정이다. 편집국의 구석에 책상을 놓고 공장에서 만들어져 나오는 교정쇄를 마치 스님의 독경과 같은 음조로 소리 높여 낭독한다. 일본인의 귀에는 스님의 독경으로밖에 들리지 않는다. 이것은 조선인의 일반적인 음독이다. 독서도 동일하다. 그리고 많은 사람들이 거리낌 없이 소리 높여 읽는데 마치 절의 동자승들이 경을 배우는 것과 같아서 꽤나 시끄럽다.

◎ 조선인은 대개 하루에 두 번 식사한다고 하나, 신문사 사람들은 2시에서 3시 사이에 점심을 먹는다. 식빵을 먹는 사람도 있고, 주위의 음식점에서 식사를 주문하여 두세 명이 음식을 둘러싸고 먹기도 한다. 식단은 참으로 간단하다. 그중 술꾼들은 점심에도 한잔하는 자도 있다. 차를 끓이기 위해 준비된 주전자에 술병이 굴러다니고 있는 일도 있다. 무슨 일에든 개의치 않고 신분이나 지위상하를 가리지 않고 즐기는 술자리는 모든 신문사 공통의 모습으로, 모든 것이 더할 수 없이 느긋하기만 하다.

◎ 대체로 조선인은 시간관념이 부족하다. 신문기자도 그렇지만 공장 사람들도 특별히 늦어지는 것에 신경을 쓰지 않는다. 가장 마지막 역할에 해당되는 기계담당자 등은 해가 짧은 가을, 겨울에는 훨씬 늦어지는데, 한 시가 되어도 두 시가 되어도 개의치 않는 듯하다. 즉 자신은 제일

---

6 초 잡았던 글을 깨끗이 베껴 씀.

마지막 역할에 해당하므로 제일 마지막에 돌아가는 것은 당연하다고 포기하고 있는 듯하다. 즉 조선인은 기계 대신 써먹기에 참으로 알맞은 인간이다.

◎ 신문에 대한 일반인들의 생각이 너무 유치하여 놀랄 수밖에 없다. 관찰사라고 하면 전국에 겨우 13명밖에 없는 지방장관이다. 관찰사가 회의가 있어 경성에 나오면 관청에서 '관찰사, 경성에 출장 중이므로 반환함'이라는 쪽지를 붙여 부재 기간의 신문을 돌려보낸다. 일반적으로 신문 대금을 내지 않는 것도 무리가 아니다. 관찰사도 내지 않는다. 군수도 내지 않는다. 일반 독자는 물론 내지 않는다. 3년이 경과하면 조금씩 신문비가 회수된다고 하니, 어느 회사도 경제적으로 매우 곤란한 상황이라고 한다.

양반의 생활

암흑의 조선

◎ 조선양반도 지금은 무섭게 하락하여 손톱의 때만한 직급에라도 있으면, '나 양반이오.' 하고 자부하고 싶어 하지만 옛날의 양반은 그렇지 않았다. 적어도 하인 20명 정도를 두고 직급은 정 2, 3품 정도로 지방관으로 치면 관찰사 이상이었다. 그 생활을 말하자면, 옛날 일본의 다이묘大名이다. 특히 중앙정부의 대신이라도 되거나, 지방에서 관찰사라도 되면 친척들이 모두 몰려들어와 식객으로 북적이게 된다. 20여 명의 하인은 각자 주인집에서의 역할을 분담하고 있다. 즉 식사 조리, 가마꾼, 청소, 응접담당, 그 외 역할이 있어 단순히 주인의 일 뿐만 아니라 가족 일동에 부속되어 각종 일을 처리하는 것이다.

◎ 양반 집에서 아버지의 권력은 대단하다. 그 자식이라도 아버지를 향해 직접 발언하는 경우는 적고, 온돌방 밖에서 용건을 말한다. 또한 아침이 되면 가족들은 얼굴을 씻은 후 아버지 방에 가서 문안을 드린다.

◎ 양반가에서는 부부가 한방에서 자지 않고, 자신의 방에서 잔다. 그리하여 부부의 방은 안뜰을 사이에 두고 만들어져 있다. 게다가 어느 문보다도 내방內房은 집의 중앙에 위치하고, 이 내방內房은 남편 외에 출입할

수 없다. 내방 근처의 복도라도 통행할 때는 아무리 결혼을 하지 않은 총각이라도 다른 쪽을 보고 지나야 하며, 내방 안의 여자의 얼굴이 보여도 보아서는 안 된다. 그래서 일본인은 한인과 3년, 5년씩이나 동거했다고 해도, 딸이나 부인의 얼굴을 볼 수 없다.

◎ 어느 일본인이 양반의 가정교사가 되어, 내방의 뜰을 사이에 두고 자식의 방에서 동거하고 있었다. 어느 날 친구가 찾아왔다. 언제나 응접실에서 담소를 나누었는데, 이 친구가 그날따라 온돌생활의 모습을 보고 싶다고 하기에 방으로 안내했다. 그 양반의 아들과 함께 여러 가지 한인 가정에 대한 이야기를 나누었다. 선생은 절대로 여자를 쳐다보아선 안 되기 때문에 "머리를 들고 쳐다보지 말지라." 하는 따위의 농담을 했다. 그리고 돌아갈 때, 재미삼아 안뜰 온돌의 문을 밀어서 여는 흉내를 냈다. 이 행동으로 인해 가정교사의 신용이 땅에 떨어져, 그 다음 날부터 외방外房 응접실 옆의 온돌방으로 좌천되었다.

◎ 그러나 그 남자의 이야기에 의하면 실은 여자 쪽에서 다른 남자가 보고 싶어서 참을 수 없는 눈치로, 일본인이라고 하면 엉덩이에 털이 있다 등등 말하며 갖은 궁리를 해서 자신의 얼굴은 숨기고 몰래 그 남자의 얼굴을 보기 때문에, 남자도 아침에 세수할 때 몇 번이나 양반 여자의 얼굴을 봤다는 것이다.

◎ 한편 그들 한인 여자韓婦는 일본 여자를 대단히 좋아한다. 일본 여자가 미리 알리지 않고 내방에 들어가도 화내지 않고 오히려 매우 기뻐한다. 실내에는 한인 장롱과 당목唐木 책상이 있다. 한인 여자는 바로 일본 여자의 손을 잡아 방석 위에 앉게 하고, 머리카락부터 의복을 손으로 만지며 신기하다는 듯 야단법석을 떤다고 한다. 과자 등을 가지고 가면, 한인 여자는 바로 그 자리에서 열어서 먹는다. 한인류韓人流의 감주甘酒,

즉 물에 설탕을 타서 밥을 조금 넣은 것을 큰 사발에 가져와서는 입을 대 가면서 안주인부터 순서대로 돌려 마시는 것을 보면 질려서 말도 나오지 않는다. 그러나 내방에만 틀어박혀 있음에도 불구하고 그 외교적 수완이 뛰어나다는 사실에 일본인은 놀라지 않을 수 없다. 부인은 용무가 있어 외출할 때나 친척방문을 할 때는 반드시 가마를 타고, 하녀 한 명을 대동한다. 여름에는 장옷을 깊게 덮어쓰고 해 질 녘에 산책하러 나간다. 그렇게 해서 돌아올 때는 정부情夫를 여자의 가마에 태워서 내방에 불러들여, 다른 집에서 딸이 놀러 왔다고 말해 두면, 자신의 남편도 내방에 들어가지 못한다는 것을 이용하여 교정交情을 이어간다. 끝내는 대담하게도 요리집 등에서 밀회하는 경우도 있다. 일반적으로 남녀 모두 난음亂淫이다. 남자는 관기官妓를 사고, 조금 돈이 있으면 첩을 둔다.

◎ 다다미와 마누라는 새로운 것이 최고[1]라고 하는데, 여보 군君도 대자연주의를 좋아하는 편으로, 육칠 년이나 부부로 살고 있다가 슬슬 싫증이 나면 다른 데서 다시 젊은 여자를 데려온다. 항상 질투로 인한 분쟁이 일어나 손을 쓸 수 없게 되기도 한다. 여보 군은 젊고 새로운 쪽을 좌부인으로 해서, 좌우로 여자를 두고 잔다. 그리고 좌부인과 얼굴을 마주하고, 옛 부인 쪽으로는 등을 향한다. 이에 옛 부인은 뒤에서 쿡 지르며 방해를 한다. 점점 질투하는 손길이 도가 심해지면, 여보 군은 크게 소리치며 옛 부인에게, 그렇게 징징거리면 집에 둘 수 없으니 썩 나가라며 이혼하겠다고 을러댄다. 이제 별 수 없다고 판단한 옛 부인은 집을 나가서는 먹고 살기 힘들기에, 이번에는 눈물을 삼키고 사죄한다. 그때 "시

---

1 일본의 속담. 젊은 부인과 새 다다미는 언제나 신선하고 기분이 좋기 때문에 새로운 것은 신선하고 아름답다고 하는 의미. 남성 본위였던 봉건시대의 분위기의 속담.

비하랑シビハラン[2]이라도 좋으니, 부디 이 집에 있게 해 주세요."라고 말한다고 한다.

◎ 양반가는 주인이 외출할 때는 여인들은 안 나오지만, 남자는 모두 뜰에 내려와 허리를 굽혀 내문內門을 나갈 때까지 목송目送하며, 귀가했을 때도 이와 같다.

---

2 '시비하랑'이 무엇을 뜻하는지 의미 불명.

한인과의 교제

◎ 한인과 교제하기 위해서는 어떻게 해야 할까? 사람들이 자주 하는 질문
인데, 특별한 다른 방법이 있는 것은 아니다. 한인은 매일 한가롭게 놀고
있다. 특별히 요즘은 일본인과 교제하고 친구들에게 나는 일본인 친구
를 갖고 있다고 자랑하는 풍조가 있기 때문에, 그들도 매우 일본인과
사귀기를 원한다.

◎ 전차 안 등에서 조금 좋은 복장을 한 양반인 듯한 한인을 만났다면
"어디 가시오?" 정도 말하면, 그는 기뻐하며 이런저런 이야기를 하고
명함을 내밀며 교제를 청한다. 그 명함에는 현재 관직에 있지 않은 자는
지금까지 자신의 이력 중에서 제일 높은 관직이었던 직함이 쓰여 있다.
즉 전 군주前郡主, 전 비서승前秘書丞 따위다. 그래서 이쪽도 사람을
바보 취급하는 듯한, 일본인에게는 건넬 수 없는 과감하게 직함이 적힌
명함을 주는 것이다. 예를 들면 일본대학 졸업이라든가 와세다대학早稻
田大学 졸업이라든가 하는 직함을 붙이는 것이다. 그리고 사족士族은 한
국의 양반과 같다고 하는 것을 알고 있기 때문에 사족이라면 이것도
직함에 넣는다. 그리고 주소를 쓰고, 반드시 몇 일 몇 시쯤(이른 아침은

좋지 않다), 시간을 정해서 "방문해 주시오."라고 말하면 반드시 찾아온 다. 오지 못할 때는 이쪽에서 방문을 해서 이런저런 잡담을 하고 양반이 라고 하는 신분을 마구 칭찬한다. 그리하여 이 녀석이 어딘가에 쓸모가 있어 보이면, 예의 명월관이나 일본요릿집으로 끌고 간다. 그리고 2, 3일 지나 또 방문해서 기분 좋게 담소한다. 이로써 어엿하게, 소위 친구 가 된 것이다. 그러나 방문했을 때, 집에 안 계시다고 해서 만나지 못하 면 상대방이 앞으로 친분을 맺을 의지가 없는 것이라 판단하고 포기해 야 한다. 하지만 이 방법으로라면 십중팔구는 성공한다. 여하튼 여보들 은 직함과 복장을 보고 사람을 믿는다. 의복을 훌륭하게 입고 양반과 같은 말과 행동으로 접하면 그들은 기뻐하며 악수를 하니 이러한 점에 유의해야 할 것이다.

암흑의
조선 증답품贈答品

◎ 한인은 그다지 선물을 주고받지 않는다. 그러나 생일날과 축제일에는 무언가를 서로 주고받는다. 가장 흔한 것으로는 쌀가루로 만든 경단을 파랑, 빨강, 노랑 등으로 착색하여 주고받는다. 그 밖에 개인과 개인으로는 학생이 선생님에게 또는 소작인들이 양반에게 가지고 오는 정도의 것으로 주로 소고기, 과일 등이다. 최근에는 그들 사회에도 일본풍의 선물 주고받기가 행해지고 있다. 그것도 현직의 대신이라든가 고등관리 같은 사람이 일본화되어, 다른 사람에게서 받은 것을 친척들에게 나누어 주었기 때문에 그것이 점차 진화해 왔다. 그리고 다양한 실내장식품을 선물로 주는 것이 유행하고 있다. 일본인들이 그들에게 무언가를 주고자 할 때나, 잠깐 방문할 때의 간단한 선물로는 고급스러운 과자류보다는 매우 단 것, 즉 설탕을 많이 넣어서 만든 짙은 빨간색 과자류가 인기가 있다. 랏파부시ラッパ節1류의 '맛은 사탕과 한 가지マシサダンハンカチ'가 좋은 것이다. 아주 고가高價인 도구 등은 기본적인 감상 능력이

1 메이지 시대의 유행가. 1904년 연가사演歌師·소에다 아젠보添田唖蟬坊의 作作. 노래 마지막에, 라쿠고카落語家·엔타로 바샤円太郎馬車가 나팔을 흉내 낸 '도코톳톳토'라고 하는 대사가 붙음.

없어 그다지 좋아하지 않는다. 만약 고가의 선물이라면 시계, 안경, 거울, 반지 등이 좋을 것이다. 이것도 직접 본인에게 전달하지 않으면 행방불명이 되는 경우가 많다. 선물은 반드시 부인으로 하여금 내방內房으로 가지고 가게 하는 것이 최고라고 한다.

하민下民의 생활

◎ 조선의 하민이라고 하면 세 종류가 있다. 첫째는 주인을 모시며 주인집의 한편에 기거하며 주인집 일을 하는 사람이다. 두 번째는 수레를 끌거나 지게를 지고 다니는 사람으로, 집도 없고 호적이 없는 일종의 유민과 같은, 혹은 고아라든가 빈곤한 아이와 같은 사람이다. 이러한 종류의 사람들은 여름에도 겨울에도 남대문이나 동대문 등에서 잠을 잔다. 세 번째는 천한 일은 해도 집에서 살거나 혹은 집을 빌려 생활하는 사람들로, 겨울에는 진고개 주변에서 잔반을 받아서 먹고 지게 품삯을 받으면 술을 먹고, 절대로 저축을 하지 않는다. 단지 그날그날을 지내면 족하다는 상태로, 그날 먹을 것이 생기면 아무리 지게 고용인이 있어도 움직이지 않는다. 그리고 여름에는 참외를 식사로 하고 일 년 내내 2식이다. 가끔은 아내를 얻기 위해 저금을 하는 자가 있지만 그 숫자는 적다.

◎ 이상의 세 종류의 천민 중에서 제일 으스대는 사람은 양반 집에서 기식寄食하는 자로, 그들은 하층사회에 일어나는 다양한 사건 등의 심판역을 맡는 경우가 있다. 그 양반의 가마를 따르며, 우스꽝스러운 모자를 쓰는 것은 그들의 꿈이다. 옛날에는 양반 수하에 있던 하민은 순사와 같은

검도 차고 있었다고 한다. 그리고 이로 이로 이로ィロ—ィロ—ィロ—[1] 하는 제지소리와 둥근 모자에 빨간 털이 달린 것을 받는 지위 즉, 양반가의 하인이 되는 것은 그들 하층인민의 필생의 소원이었다는 그 심정을 헤아릴 수 있다.

---

1 해당되는 한국어가 어떤 것인지 의미 불명. 가마를 들고 가면서 소리치는 구호로 추정됨.

한인가의 인력거꾼

◎ 한인마을의 길가마다 경시청의 인하표認下標가 있는 곳에 인력거를 가지런히 세우고 일본인이 지나가는 것을 보면 "영감ヨンガミ님 인력거, 인력거 좋소チョッソ." 하고 승차를 권하고, "인력거" 하고 부르면 4, 5명이 "네" 하고 동시에 달려와서 자신의 승객이라고 싸운다. 그들은 순서를 정하지 않고, 고집스러운 녀석은 모두 자신의 승객으로 하려고 달려든다. 일본인의 인력거꾼은 잘 달리지만, 한인가에 있는 자들은 그다지 달리지 않는다. 아무리 "어서 어서ォソォソ"라고 소리 질러도 소용이 없다. 진고개에 나가기라도 하면, 혼잡해서 위험하다는 듯이 조심만 할 뿐 속도를 내서 달리지 않는다. 그러나 그들도 최근에는 이로 이로 이로ィロ─ィロ─ィロ─라 하지 않고, "하이, 하이, 하이" 하면서 일본인 인력거꾼의 구호를 흉내내며 달리게 되었다. 제등提燈에도 일본풍으로 무슨무슨 구미組라든가, 이런 저런 일본인의 성姓을 쓴다. 그들의 인력거에 탈 때는 사전에 인력거 비용을 정하지 않으면 그들은 '이 사람은 별로 인력거를 많이 탄 사람이 아니다.'라고 넘겨짚고 "좀 더 주세요, 술 값 주세요."라고 성가시게 졸라댄다. 그러므로 "인력거"라고 외치고 "진고

개로 가소."라고 명하고서 목적지에 이르러, 15전을 줘야지 하고 생각했
으면, 먼저 10전을 내고서 "가ー가ー"라고 말하면 "영감님 적어요."라며
그 돈을 가져오므로 "그러면 필요 없다는 말이지?' 하고 돈을 일단 받아
들면 그 녀석은 거품을 물고 "영감님" 하고 따라온다. 그 때 나머지
5전을 보태서 주는 것이다. 그들은 한 번으로 듣지 않는다. 성가시게
조르면 일본인은 성미가 급하므로 돈을 더 준다고 믿고 있는 것이다.

◎ 양반들은 최근에 자신의 인력거를 구비한 것을 자랑스럽게 여긴다. 밤
이면 하인인 인력거꾼은 장례식 때 쓰는 것과 같은 제등을 들고 달리며,
한 사람은 뒤에서 쫓아간다. 하지만 한인의 거리의 인력거꾼 중에는
집이 없어서, 그 인력거를 집으로 삼아 자는 녀석이 많이 있기 때문에
한인 거리에는 아무리 한밤중이라고 해도 사거리에 인력거 두세대 정도
는 없는 일이 없다.

암흑의 조선 조선의 음식점

(1) 술집酒屋

◎ 한인의 술집은 한인의 생명이라고도 말할 수 있는 것으로, 사카야酒屋 즉, 술집スリチヒ의 뒤쪽에 기다란 장대를 세우고, 그 끝에 기름종이를 붙인 장방형의 만듦새가 서투르고 모양이 없는 제등提燈을 밤낮으로 걸어 둔다. 밤에는 양초를 켜둔다. 그 술집은 술을 파는 것 이외에 여자도 팔고 있기 때문에 한 집에 적을 때는 한 명, 많게는 서너 명의 매춘부가 있어, 하등사회의 여보를 상대하고 있다. 양반은 절대 보통의 술집에는 들어가지 않는다. 근래에는 일본인의 세력이 커져서, 이전에는 일본인의 얼굴을 보면, 문을 닫아 버리는 습관이 있었던 술집도 수구문초동水口門草洞 부근은 일본인 손님을 환대한다고 한다.

◎ 술은 조선의 술잔으로 한잔이 백동白銅 한 개(2전錢 50리厘). 5전의 술안주도 먹으면 배가 부르다. 술에 취해서 아리랑アララン 하나라도 부르면, 미인이 안쪽에서 나와서, "일본영감ヨンガミ님, 곳치 요로시コッチヨロシ—[1]" 하고 온돌방으로 끌어들인다. 15전, 20전이 한인의 시세라면 일본인

---

1 "여기 좋아요."란 뜻.

은 30전으로, 에누리해서 20전을 빼앗긴다. 하지만 절대로 하룻밤 숙박은 할 수 없으며 또한 난폭하게 굴거나 돈내기를 꺼려한다거나 하는 일본인에게는 두 번 다시 문을 열어주지 않는다. "술 없소. 술 없소."라고 거절해 버린다.

(2) 밥집飯屋

◎ 일본인은 대개 술집과 밥집을 혼동하고 만다. 밥집은 그다지 집이 크지 않고, 장대에 높이 등불을 걸어두지 않는다. 여기에 한 사람, 저기 한 사람 흙바닥에 서서, 주로 지게꾼チゲサラミ― 즉, 하등사회에 속한 자들이나 시골사람이 먹는 집이다. 밥에 소고기국을 말아서 콩나물 등을 넣으며, 그 외에 김치가 있다. 다른 음식으로는 불고기 등도 있다. 술집에는 문을 갖춘 큰 집도 있지만 밥집에는 문을 갖춘 곳이 거의 없다. 밥은 큰 밥그릇으로 한 그릇에 2전 50리가 시세이다.

(3) 요릿집料理店

◎ 조선의 요릿집은 일본의 요릿집과 대략 비슷하여, 그 집에는 붉은색과 흰색, 황색의 종이로 만들어진, 소방수가 갖고 있는 표시기 같은 것이 매달려 있고 그 옆에 긴 주머니가 걸려 있다(표시기 같은 것이 없고, 주머니만 달려있는 것은 우동전문집이다). 가게에는 유리선반이 있고, 많은 총각이나 영감이 자리를 차지하고 있다. 가게의 선반에는 각종 음식물이 진열되어 있고, 방 구조는 이층도 있고 객실도 있어, 술집이나 밥집과 같이 흙바닥에 앉아서 먹는 일본의 선술집 방식과는 달리 상당히 모양새가 좋다.

　　손님은 반드시 안으로 들어가 온돌방에 들어가서, 천천히 각종 음식

을 주문하는 방식이다. 따라서 낮은 신분의 자들은 가끔 소면을 사와 자기 집에서 해먹으며 이러한 음식점의 객실에 들어가 음식을 사먹는 일은 없다. 즉 이런 종류의 음식점은 양반사람サヲミ들이 먹고 마시는 곳인 것이다. 가끔은 여자들을 데리고 오는 양반도 있다. 순수한 한인 요리를 먹고자 한다면 요릿집에 들어가면 된다. 음식점에는 일본인도 환영이다. 한어를 몰라서 요리 메뉴를 잘 모르겠다면 가게 선반 쪽으로 가서 "이것, 저것" 하고 주문하면 된다. 진고개에 가까운 요릿집이라면 일본어를 할 수 있는 한인이 있다. 그러므로 한인 중 중류 이상의 사람과 교제를 원한다면 이러한 요릿집에서 만나는 것이 가장 좋다.

◎ 광화문光化門의 명월관明月館은 유일한 조선 요릿집이지만 절반 정도는 일본화되고 서양화되어, 요즘은 일본 요리인들조차 있다고 한다. 그러므로 순수한 여보식 취향이 있는 요리를 먹는 곳은 아니다. 특히 명월관은 대관들이 관기를 데리고 오는 곳으로, 관계없는 사람이 가면 대우가 나쁘다. 때에 따라서는 관기와 대관의 활극活劇을 볼 수밖에 없는 우려도 있다. 하지만 명월에서는 일본인에게도 괜찮은 기생을 하룻밤 8원圓에 불러 준다고 한다. 그런데 그 기생은 일본인을 대하며 평상시의 탐욕스러움을 주눅 들린 기색도 없이 드러내며, "여기, 맥주" "여기, 서양요리" 라고 계속해서 주문을 해 댄다. 혹시 그때 원하는 만큼 먹여주지 않으면 한밤중이 되어 말이 통하지 않는 것을 빌미로 삼아, 기생은 어떻게든 속이고 먹고 달아날 위험이 있다.

◎ 그런데 그때 기생을 제압하는 데에는 통감부統監府 관리라고 알리는 것이 효과적이다. 그리고 기생을 미인이라고 칭찬하면, 그녀는 싱글벙글 기쁨을 감추지 못하고 안전하게 아침까지 잠자리 시중을 든다. 어중간하게 일본어를 섞어서 한어를 쓰며, 술을 조금이라도 마시기 시작하면

얼렁뚱땅 속아서 많은 돈을 쓰게 된다. 관기를 살 때는 통감부 관리라고 말하는 것이 가장 좋다. 특히 정복을 입고 가면 매우 안전하다고 한다. 만약을 위해 말해두지만, 기생은 문신을 두려워하기 때문에 보이지 않도록 주의하는 것이 중요하다.

◎ 관기를 사는 법으로 가장 바람직한 것은 한인과 함께 가는 것인데, 그렇다고 안심하고 있으면 바보 취급을 당할 수도 있다. 일단 한인 화류계의 상례로, 양반들은 매일 가게를 바꾸지 않고 마치 따로 살림을 차려 첩을 둔 사람처럼 오로지 한 기생의 집에만 출입한다. 그래서 한인의 안내로 갈 때에는 그들은 자신이 익숙한 곳으로 데려가기 때문에, 첫날은 이쪽이 대개 조롱당하며, 잔칫날 남은 음식을 구걸하는 식이 된다. 때문에 이른바 첫 방문 때에는 담백하게 남자다움을 보여서 은연중에 비기秘機를 터득해야만 한다. 순서대로 말하면 먼저 방에 들어가 술을 한두 잔 마신다. 관기는 연신 접대한답시고 랏파부시ラッパ節를 한 두절 읊어 일본인의 비위를 맞춘다. 그리고 "당신 아리랑アララン 한번 불러주세요." 하며 연신 살갑게 군다. 이윽고 한인은 별실로 물러난다. 기생은 일본 영감 "좋소, 좋소チョッソチョッソ"라고 치켜세운다. 술은 얼마 마시지 않고 그 방에서 기생은 한인이 쓰는 얇은 침구를 두르고 긴 담뱃대로 뻐끔뻐끔 혼자 담배를 피우고 자 버린다. 머리맡에는 여러 가지 이상한 기구를 늘어놓았는데, 철로 만든 세면용 대야, 맥주병, 서양 수건(작은 것) 등이다. 아침 10시까지는 그 방에 머무를 수 있는데, 10시 무렵에 전날 밤의 한인이 나와 5원을 낸다. 그러면 기생은 "고맙소コーマプソ. 다시 또 오세요. 요로시ヨロシー."라며 일본인에게 악수를 청한다. 그때부터는 그 관기의 집에 한인의 안내 없이 혼자 출입을 할 수 있다. 하지만 금전에 대한 것을 이야기하거나 난폭한 짓을 하면 바로 출입이 금지된다.

111

또한 다른 관기를 사는 것은 절대로 해서는 안 되며 이를 어기면 금방 발각되어 쫓겨나는 신세가 된다. 출입할 때는 반드시 인력거를 타고 위세를 부리지 않으면 안 된다. 여하튼 일본의 창기娼妓를 사거나, 게이샤藝者를 살 때의 마음가짐으로 대해서는 안 된다. 어찌되었든 간에 기생의 지위는 일본의 그들보다는 훨씬 높아, 말하자면 그들 기생은 원래 궁녀였기 때문에 스스로 자중심自重心을 갖고 있으므로 조금은 존경심을 표하는 것이 좋다. 한어가 통하지 않으면서, 으스대며 관기의 집에 출입할 수 있는 일본인은 지금 경성 내에 네다섯 명 정도 있다고 한다.

한인의 가게간판

암흑의
조선

복덕방

◎ 한인거리를 걸으면 반드시 하얀 차양을 친 가게 안에서, 재떨이가 가운데 있고, 여보 네다섯 명이 편하게 앉아, 신문을 보거나 바둑을 두거나 장기를 두거나 하는 것을 보게 된다. 이곳은 한인이 말하는 복덕방福德房인 중개소로, 예전에는 정치 운동까지 했었다. 놀랍게도 군수를 도우니까 오천 냥이라든가, 관찰사인 경우는 일만 냥이라든가 하는 식의 운동을 했었다. 지금도 종로 부근의 복덕방에서는 순검巡檢·주사主事 정도는 알선한다고 한다. 그들이 일반적으로 하는 일이란 그 부근의 가옥·토지의 매매임대 알선 등으로, 한인은 반드시 집을 사거나 빌릴 때에는 이 복덕방의 손을 거쳐야 하고, 수수료를 지불해야만 한다. 만의 하나 한인이 일본인 등과 직거래를 한다면, 뒤탈이 있기 때문에 반드시 소정의 금액을 강요받게 된다. 만일 자신이 감당하지 못할 경우에는 불량배를 보낸다. 또한 복덕방은 부근의 가옥·토지를 잘 알고 있기 때문에, 어설픈 한인에게 부탁하여 토지가옥을 사고 빌리는 것보다 통역이라도 대동하여 복덕방을 방문하면 더 많은 집을 안내받을 수 있다. 그리고 안전하

게 가옥 내부까지 볼 수 있다.

한편 복덕방은 그 지역의 집회소이기도 하다. 또한 그들은 한눈에 진짜로 집을 빌리고 사기 위해 왔는지 직감하는 신통력이 있기 때문에 진짜로 사거나 빌릴 목적이라면 서류가방 하나 들고 가서, 집 안에 들어가 앉아 담배 한 모금 피우며 이야기하는 것이 좋다.

여각

◎ 여각旅閣은 경성에도 있지만 개항장에는 이 간판의 대가大家가 있다. 간판을 보면 호텔로 생각될 수 있지만, 이것은 여관이 아니다. 일본으로 말할 것 같으면 해운도매상인 것이다. 즉 지방의 여행 상인이 모여드는 곳으로 여관은 아닌 것이다. 여각의 주인은 상인을 대신하여 상품 매매를 하고 때로는 알선을 하여 이익을 얻기 때문에, 한인의 직업으로는 가장 번성한 일로 다른 직종과는 비교가 안 된다. 또한 여각은 적어도 자본금 이삼 만원 없이는 영업을 할 수 없고, 커다란 가옥과 다수의 창고를 갖추고 있다. 이처럼 번성한 여각도 한번 여행 상인에게 불편을 주면 각 짐 주인들에게 소문이 나서 그 신용을 잃는 조직이 되기 때문에, 그들 여각은 맡겨진 물품에 대해서는 팔리지 않을 때에는 이삼 천원의 돈을 지출하고, 또한 짐 주인은 수천 원에 달하는 짐을 여각에 맡기고서도 신경을 쓰지 않는 등 일본인은 상상할 수 조차 없는 일을 행한다. 또 양자 간에는 한 장의 종이 수표 같은 것이 있는데 정부의 태환권兌換券[1] 같이 유통되어 그 신용은 무한하다.

---

1 정부나 발권 은행이 발행하여 그 소지자의 요구가 있으면 언제든지 정화正貨로 바꾸어 주도록 되어 있는 지폐.

114

객주

◎ 여각을 해운도매상이라고 하면 객주客主는 육운陸運 도매상이다. 그러나 여각같이 미곡·소가죽 등의 부피가 큰 잡화가 아닌 금은보옥 등을 다루는 곳으로, 경성에서는 한 동洞에 두, 세 곳의 객주가 있다. 일반 여행 상인의 신용이 두텁고, 상업기관이 발달한 오늘날에도 매우 번창하고 있다. 특히 객주의 보증, 객주의 어음은 누구라도 거절할 수 없다. 지금은 은행신용조합 등 여러 금융기관이 생겼지만 그들은 아랑곳하지 않고 아무 관심도 없다. 이 여각, 객주는 결코 일본인이 생각하는 것 같은 여관이 아니다. 호텔은 따로 있는 것이다.

여사旅舍

◎ 한국에는 반드시 그 집 어느 곳에 이른바 사랑방サランバン이라고 해서 객실이 있다. 때문에 시골과 경성을 불문하고 일반 중등 이상의 사람은 절대로 여사에 들어가지 않는다. 특히 하등의 사람이라도 반드시 친척 집을 방문하면 사랑방에 거한다. 때문에 보통 한국의 여관은 그 가옥이 누추해서 악취는 물론 일반 하등 민가와 같아, 그 누옥陋屋에서 다른 나라 사람은 숙박할 수 없다.

◎ 숙박료는 받지 않는다. 다만 식대만을 청구하며 값은 놀랄 정도로 저렴하다. 1개월 정도 체재해도 십 원 정도를 넘지 않는다.

사소舍所

◎ 사처舍處란 관리 혹은 상류층 즉 양반이 숙박하는 경우에 특별히 한 채의 가옥을 빌려서 이것을 접대하는 것으로, 식비는 보통 식비의 3배 정도로

115

보통의 여사旅舍와 대동소이하다. 다만 혼동混同 숙박을 시키지 않게 할뿐으로, 그래서 결코 두 명 이상은 사처에는 들이지 않는다. 집이 없기 때문이다.

사관舍館

◎ 사관이란 경성에 있는 것으로 지방인민이 체류하는 여숙旅宿이다. 이것은 우리나라의 하숙집과 같은 것으로 상중하 세 등급으로 나누어져 있다. 상급 사관은 실내와 식품이 청결하지만 사관은 관허官許도 아니고 그렇다고 몰래 하는 것도 아니다. 임시로 친구나 친척등 지인의 의뢰에 의해 행하는 습관이다. 때문에 일반 시골사람이 상경해서 여숙을 구하기란 어렵다. 여각旅閣, 객주는 간판이 있어도 그 외의 숙사는 간판이 없기 때문에 일본인 중에는 여각, 객주를 여관이라고 생각하고, 엉뚱하게 교섭하고 완력을 휘둘러 경찰에 끌려가서 여관이 아니라는 것을 듣고 머리를 굽실굽실 조아리는 경우가 많다.

보행객주步行客主

◎ 보행객주는 걸어서 오가는 사람의 여관으로 시골에도 경성에도 있다. 경성에서는 침구를 제공하지 않고 한 끼 10전 혹은 12전 5리로 식비 이외의 것을 요구하지 않는 것은 일반과 다르지 않다. 또한 일본의 하숙집 같이 오래 머물 수 있는데 한 끼씩 계산해서 용무가 있을 때에는 1개월은 물론 2, 3년도 체재할 수 있다. 이것이 보통 여관에 해당하는 곳이다. 또한 시골에서는 한 끼에 5전 5리 비싸도 7전 5리이다. 2, 3년 전에는 한 끼에 7리 정도였다고 한다.

모물전毛物廛

◎ 모물전은 가죽류를 파는 집으로 침구 등도 있다. 여러 가지 모피류를 가게에 매달아 진열하고 있다. 모포 등도 팔고 있는 가게가 가장 많은 곳은 종로보다 남대문 거리이다.

우물전隅物廛

◎ 우물전은 과일을 파는 가게로 가는 곳마다 있다. 큰 도매상은 종로부터 대한문에 이르는 장소의 우측 농공은행農工銀行의 앞 주변에 커다란 가게를 내고 있다. 작은 것은 인가 근처에 작게 만들어 과일과 약간의 담배 등도 진열해 놓고 있다. 이것도 마찬가지로 우물전이다.

건혜전乾鞋廛

◎ 건혜전은 한인이 항상 사용하는 짚신을 파는 집이다. 특별히 정해지진 않았지만 건혜전은 가죽으로 만든 것이 많고, 초혜전草鞋廛에는 짚으로 만든 것이 많다. 점두에는 수십 년 된 오래된 신 4, 5 켤레를 진열하고 있다.

넝마전立店2

◎ 비단을 파는 가게이다.

---

2 의전衣廛. 고착점古着店, 또는 넝마전으로 불렸던 것으로 보아 주로 입었던 헌옷을 팔았던 점포였던 것 같음.

117

포목점白木店

◎ 목면을 파는 가게이다.

황화점荒貨廛

◎ 안경, 토시吐手(추울 때에 손 장갑 대용이 되는 것), 띠·끈류, 모자 부속물, 자주 한인이 앞에 늘어뜨리고 있는 두루주머니 등을 파는 집이다.

상전床廛

◎ 탕건宕巾, 망건網巾, 염분染粉, 색사色絲, 모자, 두루마리 종이 등을 파는 가게이다. 하지만 이 가게는 곳에 따라 명칭이 다른데 즉, 동상전東床廛, 필상전筆床廛, 안동상전安東床廛, 수진상전壽進床廛, 염상전鹽床廛, 묘상전廟床廛, 열문상전涅門床廛, 포상전布床廛, 오방상전五房床廛, 동상전銅床廛, 구리상전九里床廛, 철상전鐵床廛 등이다.

동기점銅器店

◎ 일명 동기전銅器廛이라고 하며 동기를 파는 가게이다.

유기점鍮器廛

◎ 놋쇠로 만든 음식기, 가구를 파는 가게로 종로보다 동대문에 가는 길에 큰 가게가 많다.

금자가金字家

◎ 금분으로 무늬를 찍는 집으로, 어린이 등의 머리카락에 다는 것이나

천에 '수壽'라는 글자 등이 금분으로 눌러져 있는 것을 만드는 집이다.

상두도가喪頭都家

◎ 장례 도구를 임대하는 집으로 보통 중등·상등의 차가 있어서 경성에서는 보통 2원이나 1원 50전 정도, 시골에서는 1원 50전, 1월 70전 정도로 중등·상등은 이것의 배가 된다.

화피전樺皮廛

◎ 염료를 파는 가게로, 주로 화피樺皮[3]지만 지금은 일본에서 수입한 여러 가지 염분染粉을 팔고 있다.

상전商廛

◎ 골동전骨董廛으로, 잡화도 판다. 가장 많은 곳은 수구문水口門 거리, 안동安洞, 별궁, 창덕궁에서 왼쪽으로 들어가는 골목길에는 고서나 고서화 등도 있고, 지금은 일본인이 '고려자기高麗燒[4] 고려자기' 아우성쳐서 고려자기高麗燒 등도 있다.

목기전木器廛

◎ 나막신, 나무대접, 자 등을 파는 집이다.

---

3 벚나무의 껍질. 활을 만드는 데 쓰거나, 한방에서 유종乳腫, 두진痘疹 따위에 쓴다.
4 조선도자기의 총칭. 특히 고려 시대에 만들어진 것만을 의미하는 것이 아니다.

도자전刀子廛

◎ 남녀가 장식품으로 쓰는 주머니칼을 파는 가게이다.

망건전網巾廛

◎ 두발을 묶은 사람이 한 치 정도의 천을 머리에 감아서 모발이 흘러내리지 않도록 하는 망건을 파는 집이다. 상등품은 4원 정도이고, 보통은 1원 50전 정도의 물건을 사용한다.

갓전笠廛

◎ 갓, 즉 그들이 목숨보다 소중히 여기는 모자를 파는 집으로 상등품은 10원 이상이며, 보통은 2, 3원 정도한다. 중등품은 2엔 이하의 것은 없고, 하인이 쓰는 찢어져 있는 것이라도 50전 이상의 것이다. 시골에서는 30전 40전 정도의 것을 사용하고 있다.

건제약국乾劑藥局

◎ 약종류의 도매상집이다.

약국藥局

◎ 이것이 약국으로, 약을 팔거나 또한 약국에서는 의사의 처방전을 가져가면 조제해 준다.

반찬가게飯饌假家

◎ 여러 종류의 일용식품을 파는 가게이다. 일본 시골의 채소가게와 같은

곳으로, 채소나 생선 등을 진열해 놓은 곳이다.

은방銀房

◎ 금세공집이다.

갓방笠房

◎ 갓을 제조하는 곳이다. 일본처럼 우산이 아니라 모자를 제조하는 곳이다.

책전冊廛

◎ 서점 즉 책방으로 지금은 일본식으로 서보書輔라든가 서점書店이라고
쓰여 있다. 이 가게에 고서는 없다.

사기전沙器廛

◎ 도기를 파는 가게이다.

항아리전瓮廛5

◎ 질그릇, 즉 보통 인민의 식기와 화분 등도 이 가게에 있다.

장전欌廛

◎ 여러 가지 널빤지를 짜 맞추어 만든 가구를 파는 가게로, 이 가게에는
옷장이나 선반을 광을 내어 새것 같이 보이게 하고, 새로 만들기도 한다.
수표교 밑의 오른쪽 강변에 이 가게가 가장 많다.

---

5 옹기전甕器廛을 말하는 것 같음.

장목전杖木廛[6]

◎ 재목材木 가게이다.

그 외 가게

◎ 쌀가게, 잡곡전, 어물전, 지전紙廛, 포전布廛, 모시전, 철물전, 안경방, 칠기점, 자전차보自轉車輔 등이 있는데 모두 그 글자와 같은 물품을 파는 가게이다. 또 최근 빈번하게 생기는 가게는 이발점과 경매이다. 경매와 같은 것은 최근의 것으로 경매소競賣所라 하는데 매달 초하루 박수每朔拍手라든가 뭐라고 쓰여 있다. 물어보면 상당히 인기가 있다고 한다. 또 도서보圖書輔라고 하는 것이 있다. 이것은 도장가게로 책방은 아니다. 명함소名啣所라고 되어 있는 것은 명함가게이다.

---

6 '長木廛'이 바름.

앙흑의
조선 **조선총화**朝鮮叢話

◎ 조선의 총화叢話도 우리나라와 마찬가지로 대부분 동물이 사람으로 둔갑하는 내용이다. 서양식으로 마법사 노파와 같은 것은 거의 등장하지 않는다.

◎ 동물 중에서도 선량한 것과 악한 것이 있다. 여우, 호랑이, 수퇘지, 뱀, 두꺼비는 사람에게 화를 끼치고, 토끼, 개구리, 거북이, 용은 반드시 사람을 돕는다고 정해져 있다.

◎ 호랑이는 조선에서는 가장 심성이 나쁜 존재로, 젊은 여자로 둔갑하여 사람의 집 대문을 두드려 꼬드겨 잡아먹는다고 전해져 내려온다. 이 이야기를 들려주면 우는 아이가 울음을 그친다고 한다.

◎ 수퇘지는 20년간 인간의 해골을 담근 물을 마시면 인간으로 둔갑하여 신통력을 얻는다. 하지만 개를 만나면 바로 정체가 밝혀진다고 한다.

◎ 여우는 요부로 둔갑하여 나라를 기울어지게 한다. 이는 우리나라에서도 전해 오는 이야기로 아마도 중국에서 전래된 것일 것이다.

◎ 두꺼비가 100세가 되면 인간으로 둔갑하여, 당당한 대장부로 변한 호랑이의 부하가 되며 여러 가지 재앙을 내린다.

◎ 뱀은 미녀로 둔갑하여 남자를 홀린다.

◎ 이하 조선총화의 실례를 보기로 하자.

(1) 국왕의 관상國王たるの相

예로부터 전해져 내려온 한인韓人 간의 전설에 의하면 국왕이 되는 사람의 용모에 관하여 9개의 조건이 있다고 한다. 첫째, 이가 36개 있을 것. 둘째, 코가 몹시 높을 것. 셋째, 광대뼈가 몹시 높을 것. 넷째, 길고 가는 눈. 다섯째, 얼굴색이 흴 것. 여섯째, 다리보다도 몸통이 훨씬 길 것. 일곱째, 귀가 거울이 없어도 자기 자신의 눈으로 보일정도로 클 것, 여덟째, 이마가 튀어나와 있을 것. 아홉째, 팔을 늘어뜨려 무릎에 닿을 정도로 팔이 길 것.

생각건대 이것은 오래전 신라 시대부터의 전설인 듯하다. 왜냐하면 신라왕조 제2대왕인 남해南海가 죽었을 때, 세자 유리儒理가 스스로 국왕의 지위에 오르지 않고 재상인 탈해脫解에게 양보하려고 했다. 탈해는 이를 사양하며 말하길 신기神器는 보통 사람(庸人)이 감당할 것이 못 된다. 듣자하니 성지聖智의 사람은 치아가 많다고 한다고 했다. 이렇게 해서 누구든지 치아가 많은 사람이 즉위하는 것으로 결정되어 오랫동안 사람을 찾았지만 그런 불구자는 발견되지 않았다.

그런데 어찌 짐작할 수 있었겠는가. 이 세자 유리가 36개의 치아를 가지고 있다는 것을 알게 되어 이의異議 없이 세자가 왕의 지위에 올랐다. 상당히 속임수 같고 작당이라도 한 듯한 냄새가 나지만 어쨌든 이런 내용의 전설이다. 그러고 보니 신라의 도읍이 있던 경상도 사람은 오늘날에도 여전히 보통 한인보다도 코가 현저히 높다. 그들은 신라족의 순수계통을 잇는 사람임에 틀림없다.

베르츠 박사[1]가 수년 전, 일본인과 한국인의 비교연구를 발표한 것 중에 한국의 상류계급은 일본 고유의 야마토 족大和族이라 칭하는 인종과 용모가 많이 닮았다고 기록하고 있다. 신라 족과 야마토 족이 어떤 관계에 있는가에 대한 연구는 매력적임에 틀림없을 것이다.

---

1 Erwin von Bälz(1849년 1월 13일~1913년 8월 31일). 독일제국의 의사로 메이지 시대明治時代에 일본에 건너온 초빙외국인의 한 사람이다. 27년간에 걸쳐 의학을 가르치고, 의학계 발전에 진력했음.

(2) 올챙이 시절을 잊지 말라オタマジャクシ時代を忘れるな

조선에는 올챙이 시절을 잊지 말라고 하는 속담이 있다. 가난한 사람이 하루아침에 벼락부자가 되어 뻐기는 것을 훈계하는 것이다. "지금은 개구리가 되어 책상다리로 앉아 코를 벌름거리고 있지만, 왕년에는 면 팬티만 입고 현해탄을 팥빵을 먹으며 건넜는데" 하고 말하는 격이다. 한인은 한층 더 기발한 속담을 알고 있다. '올챙이가 개구리가 되는 것은 누구라도 알고 있지만, 아이는 성장해서 착한사람이 될지 나쁜 사람이 될지 아무도 모른다.'라는 것이다.

(3) 출세한 거지出世乞食

한 총각韓童이 있었는데 다섯 살 때 아버지가 죽어서 많은 재산을 남겼지만, 이 총각이 12살 때 친족들이 너도나도 달려들어 재산의 전부를 탕진해 버렸다. 이제는 무일푼인 된 총각은 거지처럼 정처 없이 여기저기 떠돌아다녔다.

몇 달인가 지나, 해안 지역의 마을에 이르렀는데 그곳에는 커다란 염전鹽田이 있어 그 지배인에게 부탁하여 고용인이 되었다. 이렇게 되어 이름이 복동福童인 이 총각은 매일 나무통에 바닷물을 퍼와 가마에 넣어 불을 지피는 일을 하였다.

날이 갈수록 복동이 입은 옷은 마치 소금 절임처럼 되어 청우계晴雨計 역할을 하게 되었다. 즉 소금은 빨리 수증기를 흡수하기 때문에 의복이 눅눅해지면 머지않아 비가 내릴 것이라 알 수 있고, 공기가 건조하면 옷이 말라 소금이 하얗게 생긴다.

어느 날 아침, 맑은 하늘에 해가 화창하게 비추고 있는데, 이웃 주민이 쌀을 말리려고 돗자리 위에 쌀을 펼치고 있자, 복동은 주민에게 "곧 비가 올 테니 쌀을 내놓는 것을 멈추세요."라고 권하였다. 주민은 "설마 그런 일이……"하며 웃어넘기려했지만, 확신에 찬 복동의 얼굴을 보고 일단 일손을 멈추었고, 잠시 후 큰 비가 쏟아져 다른 주민들은 쌀을 완전히 적셔져 큰 손해를 입었다. 주인은 감탄하여 복동에게 "자네는 어떻게 비가 오는지 알았는가?" 하고 물었으나 복동은 비밀을 밝히지 않았다.

머지않아 지역 주민들은 복동의 주인이 일을 시작하는 것을 기다렸다가 농사를 시작하게 되었다. 파종, 추수, 쌀을 말리는 일 등 갖가지 날씨와 관계있는 일은 일절 복동의 주인이 시작하는 때를 기다리게 되었으니, 복동은 온 지역에 알려져 대단한 점쟁이로 평판이 자자했다.

그런데 마치 그 당시에 국왕이 괴이한 병에 걸려 전의殿醫가 총동원되어 약을 만들었으나 조금도 효험이 없었다. 이에 왕성王城에서는 복동의 평판을 듣고 사자를 보내어 복동을 불러들여 왕의 중환을 치유토록 하였다. 복동은 놀라서 소금의 습기로 날씨는 관측할 수 있으나 왕의 병은 전혀 다르다고 생각하여 한사코 거절하였으나, 사자는 승낙하지 않고 어떻게든 경성까지 데려가는 것이야말로 우리 사자들의 역할이라고 우겼다. 할 수 없이 복동은 사자에게 이끌려 상경 길에 올랐다. 며칠이 지난 어느 날 산길에 접어들자 세 명의 형제가 길을 막고, 자신들은 이 옆의 산 속에 살고 있는 자들인데 모친이 지금 병으로 죽어 가고 있으니 이곳을 지나가는 김에 부디 복동에게 치료를 부탁하고 싶다고 청하였다. 국왕의 사자들도 함께 이를 거절했으나, 세 형제는 좀처럼 물러서지 않고 꼭 한 번만 봐주기라도 해달라고 하자 '그렇다면…' 하고 일동은 그 집에 가게 되었다. 집은 언덕 사이에 있어 잘 보이지 않았는데, 실로 훌륭한 건물이었다.

한편 복동은 한없이 난감했다. 자신은 의사가 아닌 것이다. 백방으로 궁리해 보았으나 대책이 있을 리 없어 어쩔 수 없이 내일 아침까지 기다려 달라고 발뺌할 수밖에 없었다. 그런데 한밤중이 되어 복동이 잠들지 못하고 있는데 그 집 문밖에서 상냥하게 "여보시오, 경첩 님, 경첩 님!" 하고 부르는 소리가 들렸다. 그러자 안쪽에서 "네, 무슨 일입니까?"라고 묻는다. 밖의 목소리는 열심히 "저희들이 지금 안에 들어가도 되겠습니까?"라고 물었다. 그러자 경첩 님이라고 불린 것이 "안 됩니다."라고 대답했다. 손님은 분해하며 돌아가 버린 듯 했다. 복동은 경첩이란 묘한 이름도 다 있다고

생각하고 호기심에 이부자리에서 빠져나와 살그머니 문 쪽으로 가서

"경첩 님, 경첩 님." 하고 불러 봤다.

"네, 무슨 일입니까?"라고 괴이하게도 문에 붙어 있는 철로 만든 경첩이 사람의 말을 했다.

"조금 전 당신을 부른 것은 누구시오?"라고 복동이 물었다.

경첩이 대답하기를,

"실은 말이죠. 그것은 사람으로 둔갑한 세 마리의 백여우입니다. 이 집의 노모에게 씌어 죽이려고 해서 제가 문을 열지 않는 것입니다."라고 했다.

"당신이 진정 그 여우 편이 아니라면 말이오, 제발 나에게 노모를 구할 방법을 가르쳐 주지 않겠소?"

그러자 경첩은 즉시 승낙하고, 구할 방법을 복동에게 가르쳐 주었다.

날이 밝자 삼형제는 복동의 거처로 갔다. 이에 복동은 커다란 기름통에 기름을 부어 끓게 하고서는 인부 여섯 사람에게 톱 세 자루와 집게 여섯 개를 들게 하고 언덕을 내려가, 이윽고 세 그루의 떡갈나무 고목 앞에 이르렀다. 복동은 땅에서 6척 높이에서 이 떡갈나무를 톱으로 베게 했다. 잘라보니 속은 구멍이 나 있었다. 그래서 커다란 집게를 손에 들고 인부는 나무를 자른 곳에 올라가 뜨겁게 끓인 기름을 구멍에 들이부었다. 두 마리의 백여우는 뜨거운 기름을 뒤집어쓰고 죽었고, 꼬리 9개 달린 한 마리가 한달음에 도망쳐 달아났다. 이리하여 모두 집에 돌아와서 의식이 없는 노모에게 인삼탕을 마시게 하자, 숨이 돌아왔고 한 시간 후에는 병이 씻은 듯이 나았다.

삼형제가 뛸 듯이 기뻐한 것은 당연했고, 국왕의 사자 일행도 바로 눈앞에서 복동의 수완을 보고는 감탄하지 않을 수 없었다. 삼형제가 얼마라도

사례를 하고 싶다고 하였다. 그때 복동이 다른 소원은 없고 문에 붙어 있는 경첩을 받고 싶다고 말했다. 모두 어이없는 얼굴을 하였지만, 복동이 간절히 부탁하자 형제는 경첩을 떼어내어 복동에게 건넸다. 복동은 이것으로 이젠 걱정 없다고 안심하며 다음 날 경성을 향해 올라갔다.

경성에 도착한 것은 그로부터 수일 후의 저녁때였다. 곧바로 국왕을 뵙도록 명을 받았지만 복동은 꾀를 내어 내일 아침이 아니면 치료가 불가능하다고 거절했다.

그리고 그날 밤중에 은밀히 허리에 찬 주머니에서 경첩을 꺼내, 경첩에게 묘책을 들었다. 이튿날 아침, 복동은 또다시 펄펄 끓는 기름통과 괭이를 든 다섯 명의 인부를 청하여 국왕의 침소 뒤편에 가서 그 곳을 파게 하자 반 시간 만에 여덟 치 정도의 구멍이 보였다. 그래서 그 구멍에 끓는 기름을 쏟자 붓자 흙이 뭉클뭉클 움직이기 시작하더니 단말마斷末摩의 괴로운 비명을 지르며, 길이 8척 둘레 3척이나 되는 징그러운 벌레가 나왔지만 끓는 기름 때문에 맥없이 죽어 버렸다. 이에 일행이 국왕의 침소로 다시 돌아와서 보니 왕은 금방이라도 숨을 거둘 듯한 기세였다. 급히 인삼탕을 마시게 하자, 숨이 돌아왔고 이윽고 병환이 씻은 듯이 나았다. 복동은 그 벌레가 국왕께서 목욕하는 뜨거운 물에 머리를 처넣고 마셨기 때문에 그때 독이 탕에 들어가서 병에 걸린 것이라고 설명했다.

이제는 복동이가 명의名醫라는 평판이 전국에 퍼지고, 국경을 넘어 지나支那에까지 그 소문이 퍼져 나갔다. 국왕의 총애는 이루 말할 수 없었다. 그런데 마침 그때 북경北京에 있는 지나의 황후가 돌림병에 걸렸다. 북경에 있는 모든 명의들에게 고치도록 했지만, 병이 나아지지 않자, 결국에는 조선의 왕에게 복동을 보내도록 명하였다.

이윽고 복동은 웅장하고 멋진 행렬을 이끌고 북경을 향해 출발했다. 만주를 지나가고 있을 때, 그 경첩이 주머니 속에서 심하게 요동쳤다. 복동은 경첩을 꺼내서 앞으로 어떻게 해야 할지를 물었다. 그러자 경첩이 말하기를,

"이 앞의 길은 두 개로 나누어지니, 그 때 당시는 시중드는 사람들을 모두 오른쪽으로 가게 하시고, 당신 혼자 왼쪽 길로 가십시오. 그러면 곧 머지않아 작은 집이 나올 테니, 그 집에 들어가 술 한 잔을 달라 하면, 한 노인이 나와서 당신에게 굉장히 마시기 힘든 술을 세 잔 줄 것입니다. 당신은 주저하지 말고 그것을 한 번에 마셔버려야 합니다. 다 마시면 그 노인에게 개와 매를 꼭 받아오도록 하십시오."

라고 했다.

복동은 경첩이 말한 대로 종자들과 헤어져 혼자서 왼쪽 길을 걸어가니 과연 집이 나타났다. 노인에게 술을 부탁하자 세 잔의 술을 가져왔고, 복동이 보아하니 하얀 술 안에 가는 실모양의 생피가 떠 있었다. 오싹했지만 주저하지 않고, 눈을 감고 한 번에 마셔 버렸다. 그것을 보고 노인은 매우 기뻐하며 복동에게 감사해했다. 이에 복동이 노인의 정체를 묻자 그는 하늘에 있는 영귀靈鬼이지만 죄를 지어 지상으로 추방당해, 이 세 잔의 술을 다 마셔주는 사람이 올 때까지 지상에 남겨질 운명이었던 고로, 2년간 이 집에서 칩거하고 있었다고 한다. 이제 자신의 죄는 용서받아 하늘로 돌아갈 수 있으니, 감사의 표시로 무엇이든 얘기하라는 말에, 복동은 개와 매를 달라고 했다. 노인은 곧바로 수락했다. 이렇게 해서 복동은 매를 주먹에 올려놓고 개를 데리고 출발하여 이윽고 시중들의 일행과 합류하여 북경을 향해 길을 떠났다.

마침내 북경의 성곽이 멀리 보이기 시작했다. 궁중에서 대관들이 모두

마중을 나왔다. 이리하여 일행은 북경의 도읍에 들어갔다. 마침 해가 질 때였지만, 왕궁 내의 어떤 방으로 인도되어 복동은 여행의 피로를 풀었다. 그때 황후는 심한 발작때문에 신음과 함께 고성을 질러댔고, 조선에서 온 의사의 치료를 받지 않을 테니 당장 쫓아내라고 했다. 물론 그것은 황후가 심기광란心氣狂亂하기 때문이라고 여겨 사람들은 명을 받아들이지 않았다. 황후는 더욱더 발광하며, 조선의 의사를 자신의 침소에 다가오지 못하도록 하라고 소리쳤지만, 다음날 아침 모든 조정 신하들이 억지로 복동을 황후의 처소로 들어가도록 했다. 복동은 장막 한 장을 사이로 두고 자리에 앉았다. 복동은 황후의 손에 실을 쥐게 하고, 장막에 구멍을 뚫어 또 다른 실 끝을 구멍에서 내어 자신이 실을 잡고 맥을 보겠다고 요청했다. 조정의 신하들은 그대로 하려 했지만 황후는 전율하며 무서워하고 온 힘을 다해 그것을 거부하려고 했다. 그 순간 복동은 진맥을 하는가 싶더니, 갑자기 장막을 걷어내고 시중에게 데리고 오게 한 작은 개와 매로 하여금 황후를 공격하도록 했다. 개는 황후의 목을 물고, 매는 눈을 쪼아댔다. 옆에 서있던 황제는 갑작스러운 일에 벙어리처럼 되어 몸을 꼼작도 하지 못했다. 큰 싸움이 시작되고 잠시 황제와 황후, 그리고 개와 매가 뒤섞여 미친 듯이 날뛰었지만, 드디어 개와 매가 크게 승리하여 황후는 바닥 위에 쓰러져 숨을 거두었다. 황제는 발끈 화를 내며 복동에게 시역자弑逆者[2]라고 호통을 쳤다. 하지만 복동은 침착한 태도로,

"그 시체를 보십시오."

라고 말했다. 순식간에 시체는 점점 꼬리 아홉 달린 백여우로 변했다. 황제는 공포에 떨고, 옆에 서 있던 신하들의 얼굴은 하얗게 질렸다. 왕이 자신의

---

2 부모나 임금을 죽인 자.

황후는 어디로 간 것인지 물었다.

"바닥의 판자를 뜯어 보십시오."

라고 복동이 말했다.

이에 바닥의 판자를 벗겨내 보자, 여우에게 잡아먹힌 황후의 백골이 발견되었다. 황제는 매우 슬퍼하며 한탄하였지만, 이제 와서 어쩔 수 없다고 포기하며, 여하튼 중국의 원수인 요괴 여우를 퇴치한 공이 크다는 어지御旨를 내리셨다. 복동은 큰 명예와 막대한 보물을 하사받고 조선으로 돌아오게 되었다.

압록강에 이르자, 경첩이 또 다시 주머니 속에서 움직이기 시작하여 복동이 그것을 꺼내자 경첩이 "저는 이 훌륭한 강을 한번 보고 싶습니다."라고 했다. 복동은 별 생각 없이 경첩을 손바닥에 올리고 쏜살같이 흐르는 급류를 보고 있는데, 그 순간, 경첩이 갑자기 손바닥에서 뛰어 올라 급류로 뛰어 들어 갔다. 그러자 동시에 안개 같은 것이 복동의 눈을 가리더니 양쪽 눈이 모두 보이지 않는 맹인이 되어 버렸다. 한동안 복동은 심란心亂하여 이 수수께끼를 풀지 못하다가, 갑작스럽게 깨닫게 되었다.

즉 경첩은 할 수 있는 모든 임무를 완수했던 것이다. 그래서 지금은 강바닥에서 편안하게 쉬고 있는 것이다. 또한 복동의 경우도 앞으로 다시 의사의 일을 맡는 일이 없도록 맹인이 되어 버린 것이다.

이렇게 해서 복동은 가벼운 마음으로 경성으로 돌아와 조정대신들로부터 눈뜬 사람 이상으로 존경을 받고, 마음 편히 천수를 누렸다.

(4) 대문과 수표교大門と水標橋

이용후생利用厚生 방면에 통달한 한인韓人을 좀처럼 얕잡아 볼 수 없다. 한인의 이야기에 의하면 지금의 동대문은 신축 당시, 똑바로 있던 것이 아니라 동쪽으로 상당히 기울어져 있었다고 한다. 새롭게 개축하자는 논의도 있었지만, 기울어졌을 뿐으로 크게 무너질 것 같지도 않았던 것이다.

이에 한 명이 방책을 냈다. 튼튼하고 긴 삼밧줄을 만들어 이것을 동대문의 정상에 묶어 두고, 다른 한 쪽은 수표교水標橋에 묶어 둔다. 비가 내리면 동대문이 무겁게 되어 점점 동쪽으로 기울어지려할 때, 삼밧줄도 동시에 젖게 되어 무겁게 되니 문을 서쪽으로 잡아당긴다. 이것은 명안이다. 오랫동안 습관習慣이었는데, 지금은 줄이 없어도 동대문은 기울어진 채로 굳어 버렸다.

(5) 토끼의 기지兎の頓知

　　호랑이가 산길에서 토끼를 만나자 싱글벙글 웃으며 턱이 벌어져 침을 흘렸다. 토끼는 깜짝 놀라서 갖은 지혜를 짜내어,

　　"호랑이 님, 이렇게 만나 마침 잘 됐네요. 요 앞에 당신만한 돼지 새끼가 놀고 있습니다. 그것이 훌륭하게 살이 쪄서 뒹굴뒹굴하고 있지요. 호랑이 님에게는 안성맞춤이겠지만 저에게는 조금 부담스럽네요. 그 고기는 얼마나 맛있을까 지금 길을 걸어오며 상상하고 있던 참이었네요."

　　호랑이는 크게 기뻐하는 듯 보였다. 토끼는 걸려들었구나 생각하며,

　　"생각이 있으시면 어떠신지요. 제가 이쪽으로 돼지 새끼를 몰고 오는 것은 식은 죽 먹긴데……. 그럼 호랑이 님께서는 저곳 얼음 위에 몸을 낮추고 꼼짝 않고 있어 주세요. 저는 멀리 돌아서 돼지 녀석 뒤쪽으로 가서 이곳으로 몰고 오겠어요. 그럼 호랑이 님에게는 제가 '자!'라고 신호를 할 때까지 꼭 눈을 감고 있지 않으면 안 됩니다. 무엇인가 부스럭부스럭 소리가 난다고 해서 바로 눈을 뜨면 모처럼 가까이 온 돼지 녀석이 눈치 채고 도망가 버릴 테니까요."

　　알겠다는 듯이 호랑이는 얼음 위에 포복하고 눈을 감고 신호를 기다렸다.

　　드디어 토끼가 말한 대로 부스럭부스럭 소리가 나고, 눈이 실룩실룩 하는 것을 꾹 참고 있었다. 어느 정도 지나자 토끼의

　　"바보 녀석, 언제까지 눈을 감고 있을 거냐?"라고 비웃는 소리에, 호랑이가 번뜩 눈을 뜨고 보자, 자신의 주위에는 마른 풀이 잔뜩 있어 그것들이 활활 불타고 있었다. 제길, 토끼 녀석, 약아빠진 놈이라며 분연히 일어서려

고 했지만, 딱하게도 두꺼운 꼬리가 딱딱하게 얼어 움직이지 않았다. 미친
듯이 포효하는 사이에 호랑이는 불타 죽었다.

(6) 낙지 수행자章漁人道

문어는 음란한 어류로 남자나 부인이 손으로 아무리 잡으려 해도 잡을 수 없지만, 처녀의 손에 잡히면 해삼과 같이 꼼짝달싹 못한다는 것이 조선인에게 전해져 내려오는 이야기이다.

예전에 해변의 어촌에 혼례가 있었다. 사위는 새 신부를 데리고 자신의 집으로 돌아와 내방內房에 들어갔다. 혼례 때의 습관으로 신부는 혼례 후, 수일간 한마디도 해서도 안 되고 올려다보지도 못한다. 그래서 그날 밤, 신부가 신랑을 마주하고 잠자코 앉아 있자니, 집은 해안의 파도가 치는 곳에 세워져 있어, 때마침 만월이 밝게 동쪽 해수면에서 떠올라 환하게 온돌의 창호 문을 비추었다. 그러자 확실하게 스님의 머리가 창호 문에 비쳤다. 아직 처녀인 신부는 재빨리 일어나서 창호 문을 열고, 해변으로 내려가 무언가를 손으로 잡은 듯했다. 신랑은 이 처녀가 스님과 무엇인가 한 것으로 보고, 신부가 다시 방으로 돌아와서 무언가 말하려고 하기도 전에, 혼례의 밤에 정숙하지 못한 못된 계집이라고 하고 같이 살 수 없다고 말했다. 이에 신부는 한마디 변명도 못 하고 친정으로 돌아갔다. 그러자 다음 날 둘을 중매 선 할머니가 신랑의 집에 와서, 신부가 어제 문어를 잡았고, 창호 문에 비친 대머리는 결코 스님이 아니었다고 설명했다. 이에 두 사람은 다시 관계를 회복하고 문어 젓으로 성대한 연회가 열린 것은 축하할 만한 일이다.

(7) 불사지승不死之僧

경상도의 태백산과 소백산 사이에 오래된 사찰이 있었다. 이 사찰 뒤에는 크고 둥그런 바위가 있는데 그 위에는 또 다른 지붕 모양의 바위가 얹혀 있다. 기묘하게도 이 두 개의 바위 사이에는 한 개의 끈이 통과할 수 있을 정도의 공간이 여기저기 있다. 이 바위는 하늘과 땅 사이에 놓여 있는 것이라고 경외시敬畏視되고 있다.

이 사찰에는 유명한 대나무가 있다. 그 내력을 들으니 다음과 같다. 옛날 신라 시대에 이 절에 명승이 있었는데 절이 번영했기 때문에 인도에 건너가 세계적으로 유명한 천축사天竺寺를 순례했다. 귀국할 때에 이 명승은 그곳에서 대나무를 가져와서 자신의 절 정원에 심었다. 그리고 이르기를 "내가 지금부터 탁발을 하러 갈 터인데 그러면 이 대나무에 잎이 날 것이니라. 만약 이 대나무가 말라 죽으면 내가 죽었다고 여기거라."라고 하였다.

이렇게 말하고 스님은 정처 없이 떠나갔다. 그러자 얼마 후, 대나무에 많은 잎이 돋았다. 그것이 점점 무성해져 시들 기미도 보이지 않았다. 그 후 지금부터 250년 정도 전에 난폭한 관찰사가 있어 그 대나무를 베어내 지팡이로 만들었다. 그러자 그 후에 또 다시 잎이 나와 훌륭하게 성장했다. 그 지방 사람들은 이 대나무를 비선화飛仙花라고 부르는데 지금도 훌륭하게 자라고 있다. 그 명승은 지금도 바람 따라 물 따라 탁발을 계속하고 있을 것이다.

(8) 전세의 친구前世の友だち

이 서방과 김 서방은 둘도 없는 사이였다. 어렸을 때부터 둘은 함께 놀고 함께 데라고야寺小屋[3]에 가서 공부하고, 함께 여행을 가고, 함께 여기저기 한가롭게 돌아다녔다. 어느 날 김 서방은 돌연 갑작스러운 병에 걸려 곧바로 이 서방을 불렀다. 이 서방은 놀라서 하던 일도 다 내팽개치고 찾아왔다. 그리고 거의 정신을 차리지 못하는 김 서방의 머리맡에 이윽고 누군가가 문밖에서 큰소리로 김 서방을 불러 자신을 방안으로 들여보내 달라고 했다. 김 서방은 힘없이 머리를 들고 "넌 너무 늦었어. 이제 볼 일은 없네."라고 대답했다. 이 서방은 수상해서 저 사람은 누구냐고 묻자, 김 서방이 "저 사람은 내 전생에 아는 사람이야."라고 말했다. 결국은 지금 김 서방을 부른 것은 김 서방의 전생에서 원수였던 영혼으로, 그 영혼이 지금 김 서방의 생명을 빼앗아 복수를 하려고 온 것이다.

영혼은 계속 방안으로 들여 달라고 외쳤다. 김 서방은 비웃으며 "나는 지금 친구와 함께이니 너가 왔다고 해도 아무 짓도 못 할 것이야."라고 말했다. 영혼은 "그런 거짓말은 해선 안 된다."라고 말했다. "좋아. 그럼 보여주지. 저 녀석 아무 짓도 못 할 테니까."라고 김 서방은 승낙하고 영혼을 불러들였다. 보니까 영혼이라고 하는 녀석은 하반신이 없는 인간의 모습을 하고 있었다. 김 서방은 보고 비웃으며, "네 녀석 지금 복수하려해도 안 될 것이다. 나는 어젯밤 꿈에 우리 집 우지가미氏神[4]가 머리맡에 서서

---

3 에도江戸 시대의 서민의 교육시설. 승려·무사·신관神官·의사 등이 선생이 되어, 읽기·쓰기·주판을 가르쳤다. 메이지明治 시대 이후, 의무교육의 보급에 의해 소멸.

4 그 씨족과 관계있는 신. 또 그 신을 모신 신사神社.

이 서방이 와 있으면 영혼은 어떤 짓도 못할 것이라 알려주셨다."라고 말했다.

영혼은 원망하듯 이 서방을 보고, "당신은 내 일을 방해했다. 그렇기 때문에 당신은 자신 집에서 멀리 떨어진 곳에서 죽을 것이다."라고 말하고 홀연히 모습을 감췄다.

10년, 20년 결국 40년이 지났다. 이 서방은 별고 없이 이 땅에 살고 있다. 그 사이 청일전쟁이 시작되어 일본군은 한국 내를 통과했다. 그리고 이 서방은 변함없이 살면서 점차 명망 높은 사람이 되었다. 그러나 어느 날, 도박 현장이 발각되어 이 서방은 멀리 북방으로 방출되었다. 그리고 자신의 집에서 멀리 떨어진 곳에서 죽었다. 그 영혼에게 저주를 받았기 때문이다.

(9) 토끼의 묘계兎の妙計

영락한 큰 거북이 용궁의 공주의 병을 치료하는 묘약으로 토끼의 간장肝臟을 구해 공적을 쌓고자 생각했다. 그래서 뭍으로 올라가 토끼에게 "토끼님, 당신을 재미있는 극락도極樂島로 안내해 데려가 줄 테니 내 등에 타시지요."라고 말했다. 이렇게 해서 바다로 들어가서야 거북이는 토끼에게 사실은 당신의 간장을 얻기 위함이니 이제 각오를 하라고 하였다. 토끼는 한순간에 묘계를 떠올리고는 깔깔 웃으며 말했다.

"거북 님, 당신도 참 수고가 많군요. 제 간장이라면 집에 잔뜩 있소이다. 우리들 몸에는 간장이 잔뜩 있기 때문에 때때로 빼내서 바꾸지요. 조금 과식을 했다고 생각하면 간장을 토해내, 물에 잘 씻어서 차가운 곳에 보관해 두기 때문에 방금 전 당신이 왔을 적에도 하나 씻어두었던 것을 그대가 극락도에 데려다 준다고 하기에 제가 그만 흥분해서 그대로 두고 와 버렸지요. 필요하다면 매일 하나씩 내드리겠소."

거북은 덩실덩실 기뻐하며 토끼를 태워 육지로 데려가자, 토끼는 한 발짝 먼저 뛰어내리며 말했다.

"거북 님 정말로 수고 많았소이다. 메롱."

(10) 알에서 나다卵から生まれた

조선인의 선조들은 대다수가 알에서 태어났다고 전해져 내려온다. 즉 이 나라의 개벽의 선조, 단군은 야수의 알에서 났다고 하는 내력을 들으니 다음과 같다.

동굴에 살고 있던 야수가 신의 명에 의해 여자가 되었다. 그러자 신이신 환인桓因의 아들, 환웅桓雄이라는 자가 태백산 신단수에 내려왔다. 이것을 신시재세리神市在世理라 한다. 이 세리世理, 그의 여자를 찾아 임신을 시켰고 거기서 태어난 것이 단군인 것이다.

신라왕조의 시조인 혁거세赫居世도 알에서 났다. 그 유래를 들으니 다음과 같다. 지금의 대구 부근에 해당하는 고허高墟의 촌장, 소벌공蘇伐公이라 하는 자가 양산陽山의 산기슭을 바라보니 숲 사이에서 말들이 울고 있기에 가 보니 커다란 알이 있었다. 이것을 깨 보았더니 아기가 나왔으니 이것이 혁거세가 된 것이다. 그 알이 박과 닮았는데 조선인들은 후쿠베瓠[5]를 박朴이라 불렀기 때문에 혁거세는 박 서방朴書房의 성을 가지게 되었다고 한다.

신라 2대 왕인 남해南解[6]의 재상, 즉 앞서 '국왕되는 자의 상相'에서 기록된 탈해脱解[7]라고 하는 남자도 알에서 태어났다. 어느 지방의 왕이 여왕국女

---

5 일본어로 '박'을 '후쿠베'라고 함.
6 남해차차웅南解次次雄. 신라 제2대 임금. 남해왕南解王·남해라고도 함. 성은 박朴, 혁거세왕 赫居世王의 적자.
7 탈해이사금脱解尼師今. 신라 제4대 임금. 성姓은 석昔. 탈해는 다파나국多婆那國의 임금과 여국왕女國王의 왕녀 사이에서 큰 알의 형태로 태어나 궤짝에 넣어진 채 버려져 강가를 표류하던 중 혁거세거서간 39년(기원전 19) 아진포구阿珍浦口에 사는 한 노파에 의해 발견 되고 길러져 마침내 탈해왕이 되었다는 설화가 『삼국사기』에 전함. 남해왕 5년(8)에 남해 왕의 사위가 되고, 동왕 7년(10)에 대보大輔에 올라 정사를 맡아 보았으며, 유리왕 34년(57) 10월에 유리왕이 돌아갈 때 선왕 남해왕의 유언에 따라 왕위를 물려받으니 이 때의 나이 62세였음. 즉위 후 탈해왕 3년(59) 5월에 왜국과 화친하고, 동왕 9년(65) 3월에 시림始林에

王國의 여성을 아내로 맞아 커다란 알을 낳았다. 왕은 이를 불길하게 여겨 비단으로 싸서 보물과 같이 궤짝에 넣어 바다에 흘려보냈다. 이것을 한 노파가 건져 기뻐하며 뚜껑을 열었더니 아기가 나왔다. 그런데 그 궤짝이 흘러들어왔을 적에 까치가 연신 울었다. 그런 연유로 까치(작; 鵲)의 글자에서 새(조; 鳥)를 생략하여 '석昔' 자를 성姓으로 하였고, 또 궤짝을 풀어서 (解) 탈출(脫)해 태어났다고 하여 탈해脫解라고 이름 짓고 석탈해昔脫解라고 불리게 되었다.

서 알지閼智(아지, 아기, 金閼智)를 얻어, 시림을 계림雞林으로 고치고, 또한 계림을 국호로 했음. 동왕 21년(77) 8월 황산진구黃山津口에서 가야병과 싸워 크게 이겼음. 동왕 24년(80) 8월에 돌아갔음. 토해吐解라고도 함.

143

(11) 조선 우라시마朝鮮浦島

경상도 합천군陜川郡에 옛날 한 명의 유생儒生이 있었다. 집은 무척 가난했으나 유생되는 자가 이마에 땀 흘리며 농사를 지을 수도 없는 터라, 아버지 대부터 쓰고 있던 노복奴僕이 인근 사람들에게 받아오는 쌀로 근근이 노명露命을 이어가고 있었다.

그런데 어느 날 유생은 골똘히 인간의 운명은 천차만별이라는 것을 생각하며 툇마루에 앉아 있자니, 평소에 보지 못하던 개가 한 마리 달려와서는 자신의 집이라도 되는 양 주저앉아 움직이지 않았다. 유생은 신기한 일이라고 생각한지라, 그로부터 매일 이 개를 데리고 다녔다. 노복은 기껏 땀 흘려 받아 온 쌀밥을 개한테까지 나눠 주어야 하느냐고 투덜거리며 싫어했다.

어느 날 아침, 개는 꼬리를 흔들며 유생에게 이리로 오라고 말하는 듯이 그 주위를 깡충거리며 맴돌았다. 유생이 호기심이 동해 개를 쫓아가자 이윽고 강가에 이르렀다. 그러자 개는 갑자기 물속으로 뛰어들더니 곧 올라와서 이번에는 유생을 향해 등을 돌려, 자신의 등에 올라타고 물속으로 들어가자고 권하였다. 유생은 잠시 망설였지만, 평소 믿고 있던 개가 방금 물속으로 뛰어들어 능숙하게 헤엄치는 것으로 추측했을 때, 설마 익사하지는 않겠지 하는 마음에 개의 등에 업혀 물속으로 들어갔다. 개는 주저하지 않고 단숨에 껑충 뛰어서 강바닥으로 잠수했다. 그러나 신기하게도 유생은 숨도 막히지 않고 충분한 공기가 있는 곳을 가는 듯한 기분이 들었다. 개를 꽉 움켜쥐고 가는데, 얼마 지나지 않아 소설의 삽화에서 보았던 것과 조금도 다르지 않은, 웅대하고 화려함이 이루 말할 수 없는 용궁성龍宮城에 도착

144

했다. 거북이나 도미, 넙치 등이 마중 나와 관례대로 용궁 안으로 안내했다.

　용궁왕龍宮王은 무척 친절히 유생을 맞이하며, 왜 좀 더 일찍 오지 않았느냐며 원망했다. 유생은 평소의 장기이기도 한 만큼 의관을 차려입고 정중한 태도로, 실은 덧없는 세상의 속사俗事 때문에 이렇게 늦어지게 되었다는 이유를 그럴듯하게 늘어놓았다. 그리고 본인이 불려오게 된 까닭에 대하여 묻자, 용궁성 태자太子의 대부大傅[8]를 맡기기 위한 것으로, 그것도 길지 않고 6개월로 끝날 것이라는 것이었다.

　특기인 사서오경四書五經[9]을 강의하는 동안 세월이 흘러 6개월이 지나자, 유생은 신선한 공기가 몹시 마시고 싶어졌다. 이에 그 의중을 용궁왕에게 고하자 왕은 석별의 정을 아쉬워하며 무엇이든 훌륭한 선물을 주겠노라고 했다. 그때 태자가 유생을 옆으로 불러 속삭이며 말하기를, "만일 저의 부왕父王께서 뭔가 기념이 될 만한 선물을 주신다고 하시오면 뭐가 되었든 저기 탁자에 있는 나무도장을 받겠다고 하시길 바랍니다."라고 하였다. 유생이 보아하니 그 나무도장은 그다지 대단한 것처럼 보이지는 않았으나 태자의 언질도 있었기에, 특별히 원하는 것은 없고 해서, "저 나무 도장을 원합니다."라고 아뢰었다. 왕은 아쉬운 기색 없이 나무 도장을 유생에게 주고, 그 외에 대모玳瑁,[10] 산호, 진주 등을 잔뜩 하사했다.

　유생은 정중히 예를 표하며, 그 개의 등에 타고 순식간에 이전의 강가에 도착했다. 자신의 집에 돌아와 보니, 6개월 전 처마는 기울고 비가 새던

---

8 '태부太傅'의 잘못. 고려 시대에, 동궁에 속하여 왕세자의 교육을 맡아보던 종일품 벼슬. 충렬왕 3년(1277)에 세자부로 고쳤음.
9 사서와 오경을 아울러 이르는 말. 곧 『논어』, 『맹자』, 『중용』, 『대학』의 네 경전과 『시경』, 『서경』, 『주역』, 『예기』, 『춘추』의 다섯 경서를 이름.
10 거문고와 향비파의 담괘 안쪽 가운데에 붙인 노란 쇠가죽.

자신의 집은 없어지고, 그곳에는 으리으리해서 입이 다물어지지 않을 만큼 훌륭한 양반집이 서 있었다. 놀랍기보다는 서글퍼져서, 내 집은 어디로 사라졌을까 하며 어안이 벙벙했다. 하지만 쭈뼛쭈뼛 그 큰 문으로 들어가 "이것은 대체 누구의 집입니까?"라고 물어 보자, 한 청년이 한껏 위풍당당한 말투로 예전 집주인은 이십 년 전 어딘가로 가서 돌아오지 않는다고 했다.

"그럼 귀공은 누구시온지?"라고 유생은 몹시 놀라며 물으니, "저는 그 행방불명된 남자의 아들입니다."라고 한다. 자세히 보니 확실히 낯이 익은 내 자식이라, 유생은 몹시 기뻐하며 부자간의 이름을 부르며 그 이후의 자초지종을 이야기하고,

"대체 어떻게 하여, 너는 이렇게 훌륭한 집이 생겼느냐?"라고 물으니 "그것이, 아버님과 함께 갔던 개가 매달 황금이 가득 든 주머니를 물고 돌아와서 놓고 갔기에, 저는 그 돈으로 이런 좋은 집을 지어 집과 천 정보町步[11]의 논도 샀던 것입니다."라고 한다. 유생은 듣는 것 마다 놀라며, 겨우 6개월이라고 생각했던 시간이 용궁에서는 빠르게 흘렀다는 점이 기이하다고 생각했다. 지금은 예전과 달리 출타할 때는 가마가 있고 먹을 때는 고기가 있으니 무엇 하나 부족할 것 없는 안락한 생활이 되었지만, 딱 하나 그 나무도장은 아무 짝에도 쓸모가 없었다.

오륙 개월이나 흘러 한 스님이 표연히 찾아와 존대인尊大人을 만나고 싶다고 청했다. 불러들여 이런저런 이야기를 하던 중, 유생이 용궁성에 갔었던 이야기를 하자 스님은 "혹시 용궁에서 신기한 나무도장을 보지 못

---

11 땅 넓이의 단위. 정町으로 끝나고 우수리가 없을 때 쓴다. 1정보는 3,000평으로 약 9,917.4 ㎡에 해당함.

146

하셨습니까?"라고 묻자 "아니, 보기만 한 것이 아니라 여기 가지고 있습니다."라고 그 나무도장을 내보였다. 그러자 스님은 종잇조각을 꺼내서 '금 열 냥'이라 쓰고, 그 나무도장을 인주 없이 그 위에 딱 찍었다. 종이에는 선명하게 빨간 도장 자국이 나타났다. 그러자 스님은 그 종잇조각을 접어 불을 붙이고는 하늘 높이 던졌다. 그것이 땅에 떨어져 다 타 버렸겠지 하고 보니 신기하게도 그곳에는 찬란한 열 냥 무게의 금봉金棒이 나왔다. 두 사람은 그 일을 단단히 비밀에 붙이고 몇 장이고 종잇조각에 금액을 써서는 나무 도장을 찍어 불을 붙여서 땅 위에 던져 무수히 많은 황금을 만들었다. 그리고 스님은 그 금으로 웅장한 사원을 세워 바다 속에서 얻은 도장에 의해 만들어졌다는 뜻을 담아 그 절을 해인사海印寺라고 이름 지었다. 스님은 이번에는 인도에 건너가 불경을 많이 사가지고 돌아왔다. 그리고 그 밑에 그 나무도장을 비장秘藏하였다고 한다. 그러나 청일전쟁 끝에 그 나무 도장은 분실되었다는데 이 나무 도장을 가지고 있는 남자는 사용법을 모를 테니 지금쯤은 싸구려 골동품 취급을 하고 있을 것이다.

참고로 해인사는 경상도 합천군 산중에 있다. 가야산伽倻山 해인사 고적 古籍에 의하면 그 가야산 일명 우두해인사牛頭海印寺는 해동의 명찰이다. 때는 신라 제 39대왕 애장대왕哀莊大王 때로 왕후의 등에 병이 생겼다. 좋은 양의良醫의 효험도 없어 왕이 크게 우려하여 관리로 하여금 석덕이승碩德異僧을 찾게 하였다. 관리가 길 위에서 자기紫氣를 멀리서 보고 산 밑으로 내려와 보니 두 스승 수응須應, 수정須貞이 선정禪定에 들어가, 빛이 정문頂門12에서 뿜어져 나왔다. 왕궁으로 모시려 해도 두 스승은 수긍하지 않고 오색실을 건네주며 이르기를, 궁 앞 배나무에 이 실을 가지고 한쪽은 배나

---

12 정수리. 머리 위의 숫구멍이 있는 자리.

무에 연결하고 한쪽은 부스럼에 갖다 대거라. 부스럼 즉 병이 나을 것이라

했다. 배나무가 시들고 병이 나았다. 왕이 크게 감탄하여 이들을 공경하여

이곳에 절을 창건하니 때는 애장왕 3년 임오壬午, 즉 당의 정원貞元 18년이

라. 대왕 이 절에 행차하여 논 2천5백 결結¹³을 하사하였다. 당 정원 18년은

애장왕 2년에 해당하니 서력 802년, 우리나라의 간무桓武¹⁴ 연력延曆 21년

이다.

---

13 논밭 넓이의 단위. 세금을 계산할 때 썼다. 1결은 1동의 열 배로, 그 넓이는 시대에 따라
  다름.
14 간무桓武 천황天皇. 천평天平 9년(737)~연력延曆 25년(806). 제50대 천황. 재위, 천응天應 원년
  (781)~연력延曆 25년. 고닌光仁 천황의 제1황자. 어머니는 다카노노 니가사高野新笠. 보귀寶
  龜 3년(772) 오사베他戶 친왕이 태자 위位에서 폐위됨에 따라 다음 해 태자로 책봉됨. 나가
  오카 경長岡京의 조영이나 헤이안 경平安京 천도(연력 13년), 에조蝦夷 원정 등을 행함.

148

(12) 용수龍水

　현명한 여자가 있었다. 꿈에 용이 나와 아비의 벼룻물을 넣는 작은 병에 들어가는 것을 보았다. 다음 날 아침 잠에서 깬 뒤 그녀는 그 병을 뚜껑을 닫아 보관하였다. 다른 날 자신의 아들이 상경하여 과거에 응시하려고 할 때, 이 용수를 주고는 이 물로 먹을 갈아 답안을 쓰거라, 틀림없이 용문에 오를 수 있다고 알려 주었다. 이 아들은 그 말대로 과거에 급제하여 후일 대재상에 지위에 올랐다.

(13) 뇌물의 시작賄賂の始り

조선에서는 뇌물이라는 것이 지금으로부터 오백 년 정도 전에 시작됐다고 한다. 그 이전에는 뇌물의 묘술妙術을 몰랐다고 한다면 별로 수긍이 안 가는 이야기이지만, 그 이후 불과 오백 년 만에 뇌물의 기술이 지금과 같이 진보했다고 한다면 조선 사람도 결코 얕잡아 볼 수 없는 영리한 사람이다.

그건 그렇고 지금으로부터 오백 년 전 재판소의 부관副官 중에 매우 가난한 남자가 있었는데 자신의 가족을 부양하기조차 힘들 지경이었다.

그런데 그 가난한 법부法部 부관의 친구 중에 군인이 있었는데, 궁핍한 부관을 동정하여 뭔가 적당한 방법으로 생계를 돕고자 생각한 끝에 자신이 전부터 가지고 있던 은으로 만든 인형에 자신의 이름을 새겨 넣어 남모르게 부관에게 보냈다.

부관은 매우 만족하여 이 군인의 선물을 받았다. 그 후 얼마 지나지 않아 우연히도 이 군인의 아비가 죄를 범해 법정에 불려가 심문을 받게 되었다. 심문 담당은 이 범부 부관이다. 그때 이 군인은 아비의 뒤를 따라 법정에 참석했다. 법부 부관은 이윽고 심문에 들어가자 자신에게 일전에 은으로 만든 인형을 준 친구인 군인이 그 자리에 나와 있었다. 문득 알아차리고 자신도 이번에는 그 호의에 보답하지 않으면 안 된다고 생각하여 직권을 남용하여 그 아버지를 면소해 주었다. 그 후 얼마 지나 이 일이 어떻게 해서 국왕에 귀에 들어가자 국왕은 크게 노하여 법부 부관을 견책하고 면직을 명하셨다. 그러나 때는 이미 늦어 군인의 아비 쪽은 재심문에도 걸지 못하고 일단락되고 말았다. 백성들은 이 유래를 널리 구전으로 전했고 이후로 선물의 기이한 효과를 만들어 내는 것을 터득했다. 그때부터 뇌물이라고 부르는 것이 유행했다고 전해져 내려오고 있다.

(14) 불교 개종자佛敎改宗者

옛날에 김 아무개라는 전라도의 한 유생이 있었다. 과거에 응시하기 위해 시골에서 경성으로 올라가는 도중 노래에 종종 등장하는 그 지리산 산기슭을 지나는데, 어느 계곡 사이에 한 절이 있었다. 들여다보니 많은 중들이 끊임없이 경문經文을 외고 있었다. 김은 호기심에 그중 한사람에게 말을 걸었다.

"열심히 공부하고 계시지만, 여러분들의 종교가 세계에 널리 퍼지면 모두 출가하는 자들뿐일 터이니 수년 안에는 사람의 번식이 멈추어 버리겠지요."

중은 고개를 저으며

"불교는 일반인에게 독신을 강요하지 않습니다. 단지 개인의 자제自制를 가르치는 것뿐이니, 다소 번식을 방해하는 일은 있어도 번식이 멈출 우려는 없습니다."

"그건 그렇다고 해도 육식을 금하는 것은 너무하지 않습니까? 이 자연의 경지를 날고 있는 것을 먹을 뿐인데…."

"그러나 한번 잘 생각해 보십시오. 이 세계에 태어난 인간은 누구나 각기 천직天職을 가지고 있습니다. 동물이라 하여도 마찬가지입니다. 소는 논밭을 갈기 위해, 개는 지키기 위해, 고양이는 쥐를 잡기 위해 태어난 것입니다. 따라서 이러한 동물을 먹는다고 한다면 조물주의 의지를 거스르는 것이 아닙니까?"

"그러나 우리들은 소가 이미 늙어서 도움이 되지 않을 때 먹지요. 즉 하늘의 은혜를 거부하는 것은 아니지 않은가요?"

151

"당신은 그렇게 생각하십니까? 그럼 당신이 가장 공경하는 공자님이 '사람은 모두 고기를 먹지만 그 죽임을 당하는 짐승의 입장을 생각해 보는 이는 없다.'라고 말씀하시는 것은 어떤 연유에서입니까?"

김은 잠시 생각하고 이윽고 눈물을 뚝뚝 흘리며,

"법의를 주십시오. 그리고 제 머리를 밀어 주십시오. 너무나도 그 말씀이 지당합니다. 지금부터 저는 승려가 되겠습니다."

이리하여 김은 체발식剃髮式을 치르고, 승려의 대열에 들어갔는데 후에는 심오한 교리를 규명하여 그 명성이 조선팔도에 울려 퍼지게 되었다.

그러나 그의 친척들은 그가 승적에 입문한 것을 듣고, 매우 좋지 않게 생각하여 어떻게 해서든 그를 혼내 주려 꾀를 내었고 이윽고 한 계책을 생각해 내었다. 어느 날의 일이었다. 그들은 김을 초대하여 함께 노들[15] 나루터에 배를 띄웠다. 그들은 생선 튀김을 만들어 김을 속여 먹인 뒤 계율을 어겼다는 것을 내세워 김에게 수치를 안겨주려 한 것이다. 김은 처음에 그런 줄도 모르고 감쪽같이 계략에 걸려들어 한 젓가락을 입에 넣었지만 곧 속이 좋지 않은 척을 하며 뱃머리로 가서 먹은 것을 전부 토해 버렸다. 그런데 뱉어낸 것이 눈 깜짝할 사이에 물속으로 가라앉아 순식간에 한 무리의 물고기로 변했다. 그리고 그는 뱃사공을 불러 그 물고기를 배에 건져 올리게 하여 새로이 그것을 조리하여 모두에게 먹게 하였다.

이제 술도 떨어져 돌아갈 때가 되자, 일동은 김이 계율을 어긴 것을 조롱하기 시작했다. 그러자 김은 재빨리 해안으로 도망치며,

"여러분 수고 많으셨습니다. 여러분은 저를 속였다고 생각하시겠지만 제가 먹은 생선은 전부 토해 버렸습니다. 두 번째로 여러분이 드신 것은

---

15 원문에 방주傍註로 '용산龍山'이라 되어 있음.

제가 토해낸 것이 생선으로 변한 것을 뱃사공이 잡은 것입니다. 즉 여러분은 제가 토해낸 것을 드신 겁니다."

그 말을 들은 일동은 할 말을 잃고 터덜터덜 집으로 돌아갔다.

이날 김이 뱉어낸 것에서 태어난 생선은 곰치라고 하여 지금도 노들 근처의 청천淸川에서 놀고 있다. 단 다른 곳에는 결코 없다고 한다.

(15) 고양이와 죽은 사람猫と死人

　　지금으로부터 이백사오십 년 전 사챠 サチャ라는 유명한 학자가 있었는데 그가 어렸을 때 이야기입니다. 어느 날 사챠는 일에서 돌아와 침실에 들었는데, 문득 잠이 깨어 보니 달이 쓸쓸히 창을 비추고 방 안은 어스름했습니다. 누군가가 문밖에서 움직이는 기척이 났기에 가만히 귀를 기울이고 있자, 문이 저절로 밖에서 열리며 키가 큰 검은 것이 방안에 들어 왔습니다. 사챠는 떨리는 마음을 억누르고 어둑어둑한 곳을 응시하고 있자니 그것은 그 나름대로 방 한편에 멈춰 서서 움직이는 기색이 없었습니다. 사챠는 소년이지만 대담한 아이였기에 그것이 움직이지 않게 되자 '획－' 다른 쪽을 향해 눕고는 잠이 들어 버렸습니다.

　　다음날 아침, 잠이 깨고 보니 그것은 역시 어젯밤 그대로 방구석에 있었습니다. 자세히 보니 시체를 넣은 관이 우뚝 서 있는 것이었습니다. 사챠는 잠시 바라보고 있었습니다만 이윽고 좋은 생각이 떠오른 듯 하인을 불러,

　　"이 마을 어딘가 시체를 잃어버린 집이 있을 것이다. 바로 가서 찾아오너라."

라고 명하였습니다. 하인은 나가 보았는데 머지않아 돌아와서

　　"마을에 큰일이 났습니다. 어느 집에 사람이 죽었는데 어젯밤 상갓집에서 밤을 새던 중에 사람들이 잠시 잠든 사이에 어찌된 일인지 시체와 관이 없어졌다고 난리입니다."

라고 보고하였습니다.

　　"그럼 바로 가서 그 집 주인을 불러 오너라."

　　이윽고 그 집 주인 되는 이가 찾아왔습니다. 사챠는 그 사람을 방에 들여

예의 구석에 있는 그 물체를 가리키며 조용히 말했습니다.

"이것은 무엇입니까?"

삼베 상복을 입은 주인은 한번 보더니, 놀람과 분노에 숨을 헐떡거리며 말했습니다.

"그…그것은 내 아비의 관이 아니냐. 도대체 너는 무슨 짓을 한 것이냐. 내 아비의 시체를 훔쳐 내 얼굴에 먹칠을 하였구나."

"자자 진정하세요."

사챠는 웃으며 진정시켰습니다.

"어찌 제가 그것을 움직일 수 있겠소. 혼자서 찾아왔소이다. 한밤중에 눈을 떠보니 그것이 와 있었소."

주인은 쉽게 수긍하지 않았습니다.

"그럼 저것이 어떻게 여기에 왔는지 이야기해 드리지요."

사챠는 말을 이었습니다.

"당신네 집에 고양이가 한 마리가 있을 것이오. 그것이 이 관을 뛰어 넘은 것이 틀림없소. 그러나 그것이 이 죽은 이의 기분에 거슬렸기에 예의 마력 같은 걸로 여기까지 날아온 것이오. 만약 당신이 거짓이라고 생각한 다면 고양이를 여기까지 데리고 와서 시험해 보시오."

이에 주인은 하인에게 부탁하여 고양이를 데리고 오게 하였습니다. 그 사이에 주인은 시험 삼아 관을 밀어 보았지만 온 힘을 다해도 꿈쩍도 하지 않았습니다. 그러자 사챠가 대신 관 근처에 다가가 그 왼쪽을 가볍게 세 번 정도 두드리자, 죽은 사람은 누구의 손인지를 안 것처럼, 관은 쉽게 움직여 옆으로 뉘어졌습니다. 그러는 사이 하인이 돌아왔습니다. 그리고 고양이를 방 안에 들여보내자, 신기하게도 관은 다시 저절로 벌떡 일어나

고양이가 뛰어넘지 못하는 곳으로 움직여 갔습니다.

이를 본 주인은 완전히 사챠의 말을 믿고는 그날 무사하게 장례식을 마쳤습니다. 단 이번에는 고양이가 뛰어넘지 못하도록 모두가 관 옆에 붙어서 주의를 게을리하지 않았다고 합니다.

(16) 까마귀의 말鳥の言葉

이 사챠サチャ에게는 남동생이 하나 있는데, 모챠モチャ라고 하였습니다. 어느 날 사챠가,

"어딘가에 맛있는 것이 있으니, 찾아오도록 하자."

모챠는 웃으며,

"어떻게 그런 것을 알 수 있는 거지?"

"그게, 방금 까마귀 두 마리가 머리 위를 지나갔는데, 그중 한 마리가 저 쪽에 맛있는 것이 있다고 이야기했는 걸."

그래서 둘은 이른바 맛있는 것을 찾으러 나섰습니다. 어느 집 근처에 다다르자, 그 앞에 죽은 사람이 쓰러져 있었습니다. 사챠는 놀라서,

"뭐야, 불길한 까마귀 같으니라구. 맛있는 것이란 이것을 말한 것이었구나."

둘은 분해하면서 혀를 차고 돌아가려고 하였는데, 한 남자가 집 안에서 나와 죽은 사람을 훔치려고 했다고 하여 그들을 붙잡았습니다. 둘은 온갖 변명을 하였습니다만, 쉽사리 용서해 주지 않았습니다. 바로 줄로 포박하여, 부교소奉行所[16]의 감옥에 쳐 넣었습니다. 그리고 다음 날 아침 끌려 나와서 문초를 받았습니다만, 사챠는 겁내는 기색도 없이,

"정말 터무니없는 오해입니다. 저는 단지 까마귀가 이야기하는 것을 듣고 무엇인가 맛있는 것이 있나 하여 찾으러 온 것이었습니다만, 와 보니 그냥 죽은 사람이었던 것입니다. 단지 그 뿐이고 시체를 훔치려고 했다니,

---

16 부교奉行가 근무하는 곳. 부교는 일본의 무가武家 시대에 행정 사무를 담당한 각 부처의 장관(町奉行·勘定奉行·寺社奉行 따위)을 말함.

말도 안 되는 누명입니다."

부교는 신기한 듯이 샤챠의 얼굴을 보고 있었습니다만,

"바보 같은 소리하지 말거라! 네 녀석은 미치기라도 한 것이 아니냐? 새의 말을 알아들을 수 있다는 것은 무슨 말이냐!"

"아닙니다요. 정말로 알아들을 수 있습니다. 믿기지 않으신다면 충분히 조사해 보시길 바랍니다."

때마침 그때, 어린아이 하나가 정원에서 참새 새끼를 가지고 놀고 있었습니다. 이에 부교는 바로 그것을 가지고 오게 하여서, 시험 삼아 방 안에 놓아주었습니다. 어미 새와 그 무리의 새들은 그것을 보고 밖에서 부르며 울고 있었습니다.

"저건 뭐라고 하고 있는 것이냐?"

부교는 턱 끝으로 가리키며 물었습니다. 샤챠는 잠시 우물쭈물했습니다. 실은 까마귀의 말은 알아들을 수 있지만, 참새의 말은 몰랐던 것입니다. 그러나 그러한 내색은 하지 않고,

"어미 새는 이렇게 말하며 울고 있습니다. '그런 작은 새를 잡아서 어찌하려고 그러십니까. 깃털이 어디 쓸모가 있습니까. 고기가 어디 쓸모가 있습니까. 뼈가 어디 쓸모가 있습니까. 그러지 마시고 얼른 놓아 주십시오'라고 말하고 있습니다."

부교는 이를 듣고, 샤챠들의 처지에 생각이 미쳤습니다. 그들을 잡아본들 돈이 되는 것도 아니고 물건이 생기는 것도 아니고 땅이 생기는 것도 아니고 아무 짝에도 쓸모가 없다. 과연 그렇구나 하고 웃으며, 둘을 용서하였습니다.

158

(17) 효도에 대한 잘못된 생각 孝行のはき違い

옛날에 어머니를 극진히 모시는 천자 님이 있었다. 어머니의 명을 받드는 것은 사람으로서 첫 번째 도리라고 믿고 있었다. 그런데 모후母后의 시종 중에 행실이 나쁜 자가 있어서, 천자님이 어머니를 생각하는 마음을 알고, 어떤 악행을 저질러도 모후의 한 마디 말만 있으면 용서받을 것임에 틀림이 없다고 생각하여 갖은 못된 짓을 멋대로 하고 있었다. 그러던 중에 어떤 술집에서 술값을 떼어먹고 그곳의 주인이 술값 계산을 재촉하러 온 것에 화가 나 주인을 잡아 구타를 하였다. 이후에 이 일이 관아의 귀에 들어갔고, 시종은 끝내 감옥에 들어가게 되었다. 그런데 이것이 모후의 귀에 들어가자, 모후는 법관의 처치에 크게 노하여, 황제에게 명하여 엄하게 처벌하도록 하였다. 법관은 있지도 않은 죄로 사형이 결정되어, 당장에라도 단두대에 오르게 될 지경이었으나, 허락을 받아 자초지종을 이야기했다.

"옛날에 경성에 꼽추 아이를 가진 노부부가 있었습니다. 어떻게든 해서 고쳐 주고 싶어 여러 명의에게 보였으나, 아무리 해도 낫지를 않아 슬퍼하고 있었습니다. 그런데 어느 날 그 집 앞을, '꼽추 고쳐요, 꼽추 고쳐요.'라고 말하며 지나가는 남자가 있었습니다. 그래서 바로 불러들여 보였더니, 그 남자는 보자기에서 나무망치를 꺼내어 아이를 도마 위에 엎드리게 하고는, 그 등을 진저리 칠 정도로 망치로 때렸습니다. 그러자 꼽추는 나았지만 당연히 아이는 죽어 버리고 말았습니다. 부모는 매우 화가 나서 그 남자를 반 토막을 내 버리겠다고 달려들었으나, 남자는 놀라지 않고 '나는 꼽추를 고치겠다는 약속은 하였지만 생사의 단계까지는 약속하지 않았다.'라고 말했다는 이야기가 있습니다. 저는 폐하의 명을 받들어 법관의 임무를 담

159

당하고 있는 이상 만일 법률에 저촉되는 자라면, 어떤 자라 할지라도 처벌합니다. 만일 그것이 모후의 시종이라 할지라도 그것은 어쩔 수 없다고 생각할 뿐입니다. 만일 죄를 물어서는 안 되는 사람이 있다면, 처음부터 그렇게 명령하셨어야 합니다. 이는 성스럽고 총명하신 폐하에게도 걸맞지 않은 일이옵니다."

라고 두려워하지 않고 아뢰었다. 발 너머로 이를 들은 폐하는 무릎을 '탁' 치시며, "과연 저 녀석은 나보다 현자로구나"라고 하며 그 밧줄을 풀어 주어라고 명하고, 즉시 법관을 용서하셨다고 한다.

(18) 흙 속의 부처土中の佛

　옛날 고려 시대에 한 땡중이 있었다. 의외로 많은 신자를 데리고, 매일 그럴싸하게 설교를 하고 있었다. 어느 날 신자를 한 번 속여 보자 싶어, 밤중에 문 입구에 구멍을 파고 여기에 불상을 묻고, 그 옆에 콩을 뿌리고 물을 뿌려 주었다. 그리고 신자가 모였을 때, 어젯밤 꿈에 부처님이 흙 속에서 태어나신 것을 보았다, 그 방향은 분명 문 입구 쪽이었으며, 표시로 콩이 싹을 틔우고 있을 것이라고 말했다. 한번 찾아보면 어떻겠냐고 일동을 부추겨서 나가보니, 과연 콩이 싹을 틔우고 있었다. 그 아래를 파 보니 역시나 불상 하나가 금빛 영롱히 나타났기에, 신자는 조금도 의심하지 않고 저마다 나무아미타불…나무아미타불….

(19) 여우의 기지狐の頓才

어느 날 여우가 호랑이와 마주쳤는데, 호랑이는 무서운 얼굴 표정으로,

"나에게 여우는 아주 좋아하는 먹잇감이지."

라고 하였다. 여우는 가슴이 철렁했지만, 천연덕스럽게,

"과연, 그렇겠지요. 하지만 숲 저편까지 산책이라도 하면 어떻겠습니까. 저쪽까지 가는 동안에 또 좋은 식사거리가 있을지도 모르니까요."

"좋다. 하지만 네 녀석은 그렇게 말하면서 도망갈지도 모르니, 내 앞에서 걸어가거라. 나는 뒤에서 감시하며 가겠다."

여우는 호랑이가 말하는 대로 하여 둘이서 길을 나서자, 숲 속에는 멧돼지가 뛰어다니고, 곰이 놀고 있었다. 그 외에도 맹수들이 출몰하고 있었다. 여우는 '이거야!'라는 얼굴로,

"어떻습니까. 이들은 모두 저의 친구입니다. 만일의 경우에는 언제든지 도와줄 터이니…"

호랑이는 놀라서 눈이 휘둥그레져서는,

"아니, 너를 먹지 않으면 안 된다는 건 아니다. 먹을 거야 어떻게든 될 테니까…."

그길로 호랑이는 '휙' 하고 도망쳐 버렸다.

(20)[17] 용의 왕족龍の王族

　　고려 시대의 한국의 왕은 모두 형제자매 간에 결혼을 하였다. 어찌된 일인지 어느 한인에게 물어보니, 이에 대한 설명이 재미있는 것이 아니겠는가. 그 사람이 말하기를 고려 시대의 왕은 용의 혈통으로서, 눈 주변에는 용의 얼룩무늬가 있었다. 그래서 이 존귀한 혈통을 더럽히지 않기 위해 혈족결혼을 한 것이라고 한다.

---

17 원문에는 설화 번호가 빠져 있어 보충함. 또하 26)화의 설화번호도 빠져 있어 보충함. 이에 설화번호는 원문과 차이가 남.

163

(21) 뱀의 기원蛇の紀元

　이것도 한인韓人의 이야기에 의한 것인데, 이 나라에는 원래 뱀이라고 하는 것은 없었다. 그런데 옛날에 어느 관찰사가 뱀을 잠자리 아래에 넣고 자면 원기가 왕성해진다는 말을 듣고, 일부러 인도에 사람을 보내 그 나라로부터 수입해 왔다. 이것이 이 나라의 뱀의 기원이라고 한다.

(22) 나병기담賴病奇談

지금으로부터 300년 정도 전에 이 아무개인가 하는 관찰사觀察使가 있었다. 이 자가 이상한 남자였던 것이, 어떻게든 나병에 걸려보고 싶다고 마음을 먹고 방구석에 구멍을 뚫고, 매일 두세 시간씩 그곳에서 묵좌黙坐 수행을 하고 있었다. 그러자 그 구멍으로 한 줄기 마기魔氣가 밀려들어와, 관찰사는 바라던 대로 나병환자가 되어 버렸다.

그런데 이 나라의 전설傳說에 나병환자는 지네의 집을 먹으면 낫는다, 단 그것을 먹은 뒤에 바로 밤을 먹지 않으면 안 된다, 그렇지 않으면 바로 죽어 버린다는 이야기가 있다. 그래서 관찰사는 지네의 집을 먹고 나서 바로 그 뒤에 밤을 가지고 오도록 시종에게 명했는데, 이 시종이 뭔가 못된 죄를 저질렀고 그것이 발각되려고 하고 있던 터라, 밤이라고 하고는 다른 것을 건네주어 끝내 관찰사를 죽여 버리고 말았다. 이 일은 어느새 세상에 알려졌고 이후로는 악인이 나온 마을이라고 하여, 이 마을 사람들은 지금도 세상으로부터 배척당하고 있다는 이야기이다.

(23) 뱀 이야기蛇物語

옛날에 어떤 남자가 숲 속을 지나가자, 한 마리의 뱀이 작은 새를 똬리를 틀어 죽이려고 하고 있었다. 그래서 마침 들고 있던 지팡이로 그 뱀을 한 대 때리자, 작은 새는 기쁨의 소리를 내며 날아 도망갔으나, 뱀은 그대로 피를 토한 끝에 길에서 쓰러져 죽고 말았다. 한참 지나고 나서 그 남자가 다시 그 숲을 지나는데, 의외의 장소에 작은 초가집이 있었다. 살펴보니 십칠팔 세 정도의 아름다운 여자가 생글생글하면서 들어오라고 말한다. 툇마루에 걸터앉아 이런저런 이야기를 하고 있는 중에, 여자의 혀가 두 갈래로 갈라져 있는 것을 알게 되었다. 남자는 놀라서 이것은 일전의 뱀의 사령死靈이 앙갚음을 하고자 하는 것이 틀림없다고 생각하여, 서둘러 도망가려고 하였다. 그러자 여자는 마침내 정체를 드러내어, 뱀이 되어서 남자를 쫓아 왔다. 그래서 남자는 가지고 있던 총에 총알을 넣어, '탕' 하고 한 발 쏘자, 뱀은 산산조각이 나서 죽어 버렸다.

그런데 그 남자가 또 얼마 되지 않아 그 숲을 지나가자, 이번에는 풀 사이에 맛있어 보이는 버섯이 나 있었다. 참 맛있겠다고 생각하여 아무런 주의도 하지 않고 그대로 따 와서는, 저녁 반찬으로 삶아 먹었더니, 신기하게도 그날 밤부터 몸이 점점 부어올라, 이튿날에는 옴짝달싹할 수 없게 되었다. 그래서 남자는 죽을 각오를 하고, 집 안에서 기어 나와 정원의 나무 그늘에 배를 깔고 엎드려 있자, 어디서인지 수많은 작은 새가 남자의 주변에 모여들어, 손이건 발이건 할 것 없이 쪼기 시작했다. 그러자 그 상처로부터 작은 뱀이 끊임없이 나와, 모두 작은 새에게 먹혀 죽어 버렸다. 남자는 꿈속에서 다시 꿈을 꾸는 기분으로, 잘 생각해 보니, 일전에 도와준

작은 새의 무리들이 그 은혜를 갚으러 남자를 구하러 온 것이었다. 작은
새가 뱀을 모두 쪼아 먹자, 남자는 원래의 몸이 되어 결국 목숨을 건졌다고
한다.

(24) 일곱 번째 딸七人目の娘

옛날에 어느 왕에게 여섯 명이나 되는 딸이 있었으나, 아들이 한 명도 태어나지 않아 매우 걱정하고 계셨다. 그런데 그 다음으로 태어난 것이 또다시 딸이었기 때문에, 결국 크게 노하셔서, 태어나자마자 바로 돌로 만든 관에 넣어 강에 버리셨다. 그런데 관은 신기하게도 가라앉지 않고 강 하류로 흘러가, 어느 스님이 줍게 되었다. 스님은 집으로 가지고 돌아가서 관을 열어 보았더니, 아이는 아직 죽지 않고 생글생글 웃고 있었다. 그리고 관 뚜껑에는 왕녀 아무개라고 쓰여 있었으므로 승려는 결국 이를 자신의 손으로 길렀고, 너의 아버지는 대나무이고 너의 어머니는 오동나무다 하고 가르쳐 주었다. 딸은 이것을 믿고 그 둘을 부모로서 존경하였다. 그런데 몇 년인가 지난 어느 해, 황후가 병에 걸리셨다. 그래서 무녀에게 점을 치게 하니, 만약 버리신 일곱 번째의 왕녀를 찾게 되면 병이 나을 것이라고 하였다. 그리하여 전국에 널리 공문을 내려 수소문하게 하였고, 이를 들은 그 승려는 '이제는' 하는 심정으로 왕녀에게 경위를 상세히 말해 주고 그를 궁중으로 보냈다.

한편 황후 측에서 재차 의사에게 보였더니, 의사는 왕녀들 중 한사람이 스스로 인도에 가서 어떤 약을 가지고 오신다면 병은 나을 것이라고 아뢰었다. 그래서 여섯 명의 왕녀에게 이를 상의하시었으나, 모두 거절하고 따르지 않으셨다. 이러한 와중에 그 일곱 번째 왕녀가 궁중에 도착하셨기에 즉시 이 일을 알려 주자, 그는 스스로 나서서 인도에 가겠다고 하였다. 마침내 천신만고 끝에 천 리나 떨어진 먼 곳의 약을 가지고 돌아오셨다. 황후의 병은 예상대로 완쾌되었다. 황후는 무척이나 기뻐하시며 포상으로 무엇을 줄까 하고 물어보셨다. 왕녀는 다른 어느 것도 바라는 것은 없고, 다만 무녀巫女가 되고 싶다고 하였다. 그래서 결국 허락을 받아 왕녀는 무녀의 우두머리가 되었다.

한국에서 부모가 돌아가셨을 때 아버지라면 대나무로 만든 지팡이를, 어머니라면 오동나무로 만든 지팡이를 짚는 풍습이 있는 것은 아마도 이로부터 시작된 것이라고 이렇게 전해지고 있다.

(25) 준치의 불평チユンチの不平

옛날 준치라는 물고기는 척추만 있을 뿐 다른 뼈는 없고, 고기가 대단히 맛있었다. 그리하여 인간이 매일매일 그물을 던져 준치 잡이를 나갔기 때문에 그의 동료들은 나날이 수가 줄어들었다. 어느 날 준치는 큰 회의를 열어서 여차저차 동료가 마구 잡히는 것은 필경 우리들의 뼈가 적어 사람이 먹기 쉽기 때문이다, 어왕魚王에게 잘 부탁해서 우리들에게도 조금 뼈를 달라고 하자고 제안했다.

이에 일동이 어왕 앞에 가서 이를 부탁하니, 어왕은 노하여 눈을 부라리고 언성을 높여 "정말 만족할 줄 모르는 놈들이군. 그 정도로 뼈를 원한다면 자, 줄 터이니 받아라." 하고 수많은 잔뼈를 준치의 무리에게 던져주었다. 지금 준치가 제일 가시가 많은 물고기가 된 것은 어쩌면 이러한 유래에서 비롯된 것이라고 한다.

(26)[18] 말 도둑馬盜人

옛날 경성京城에서 멀지 않은 시골에 이 아무개라는 유명한 군수郡守가 있었다. 어느 날 마을 사람이 여느 때와 같이 아침에 마구간에 가 보니, 자신의 소중한 말은 어느샌가 도둑맞아 사라지고 그 대신에 작고 꾀죄죄한 당나귀가 묶여 있었다. 그래서 급히 관아郡衙에 고발하니, 군수는 잠시 고개를 갸웃거리다가 곧 하인에게 소금 주머니를 가지고 오게 하여 이것을 고발한 자에게 주도록 하였다. 그리고 오늘 밤 이것을 그 당나귀에게 핥게 하여 다음 날 아침 마구간에서 풀어주어라, 그리고 당나귀가 가는 길을 따라 그 뒤를 쫓으면 이틀 안에는 반드시 도둑을 알 수 있을 것이라고 하였다.

그리하여 그는 명 받은 대로 하고 다음 날 아침 당나귀를 풀어 주었다. 말은 쏜살같이 경성 쪽으로 달려갔다. 어디에 가는 걸까 하고 따라가 보니, 동대문 안에 있는 어떤 농가의 집 앞에 가 멈춰 서서 그 코로 문을 열고 힘차게 전진했다. 이어서 자신도 쫓아 들어가니 그 마구간에는 과연 자신의 도둑맞은 말이 매여 있었다. 남자는 즉시 그 말을 끌고 돌아와, 관아에 가서 그 일을 말한 후에 어떻게 이같이 명료하게 알았는가를 여쭈었다. 군수는 웃으면서 말했다. 말에게 소금을 핥게 한 것은 목이 마르게 하기 위함이다. 그러면 말은 목이 마른 것을 참을 수 없어 물을 구한다. 그런데 대부분의 집에서는 말에게 물을 주는 것은 집 안에서 하기 때문에, 분명 자신의 원래 주인의 집으로 달려갈 것이 틀림없다고 생각했기 때문이다. 어떠한가. 참으로 불가사의하지 않은가.

---

18 원문에는 번호가 없어, 역자가 번호를 보충해서 부기하였음.

(27) 궁수의 실책弓曳きの失策

옛날에 유명한 궁수가 있었다. 일 리厘짜리 동전을 칠팔 간間이나 떨어진 곳에 실로 매달아 이쪽에서 그 동전 구멍을 꿰뚫을 정도로 솜씨가 뛰어난 자였다. 어느 날 저녁 무렵 문 앞에 서 있는데, 하늘에 오리 세 마리가 울면서 날아가고 있었다. 곁에 서 있던 남자가 어떤가, "아무리 자네라도 저것을 화살 한 개로 세 마리를 한 번에 맞추는 것은 불가능하겠지"하고 조롱하였다. 그러자 궁수는 재빨리 화살을 시위에 메기고 '슉 —' 하고 쏘아 올리자 세 마리는 동시에 공중제비를 돌면서 파닥파닥 떨어져 내렸다. 이 일은 점점 유명해져서 그의 이름은 팔도八道에 퍼졌다.

그런데 어느 날 밤, 그의 꿈에 세 명의 소년이 나타나 "이제부터 그대 집에 신세를 지게 되었습니다."라고 말하고는 사라져 버렸다. 그로부터 얼마 지나지 않아 그의 아내는 아이를 잉태하여 마침내 한꺼번에 3명의 아이를 낳았다. 궁수는 이것은 필경 일전의 꿈이 현실이 된 것이므로 신이 내리신 선물임에 틀림없다고 믿고 무척 기뻐하였다. 그런데 출산 후 십일 째 되는 날, 그의 세 아이가 동시에 두창痘瘡에 걸려 같은 날에 죽고 말았다. 궁수는 갑작스러운 슬픔에 세상과 자신을 돌아보지 않고 울부짖었지만, 천명이라 어쩔 수 없이 조선의 습관에 따라 마을 밖의 커다란 나뭇가지에 세 사람의 시체를 매달아 두었다.

그런데 어느 날 밤 궁수 친구 중 한 사람이 술에 취해 길을 헤매고 비틀거리다, 그 나무 그늘에 쓰러져서 정신없이 그대로 잠들었는데 밤중에 잠에서 깨어 보니, 마을 쪽에서 '아이고, 아이고' 하고 울부짖는 목소리가 들렸다. 그러자 머리 위에서 소곤소곤 아이의 말소리가 들렸는데 "어때. 저 목소리를 들었는가. 우리가 오리였을 때 화살 하나로 쏘아 죽인 원수를 지금 갚는 것이야. 울어라 울어, 실컷 울어라." 하고 비웃는 것이었다.

남자가 놀라서 눈을 뜨니, 뜻밖에 친구 자식의 시체를 매단 나무 아래였기에, 발이 땅에 닿지 않을 정도로 서둘러 황급히 돌아와서는 친구에게 이 일을 말하자, 궁수는 참으로 후회하여 그 자리에서 활을 둘로 꺾고는 그 후로는 사냥을 단념했다고 한다.

암흑의
조선 조선의 가요

▌ 전차의 노래

종로를 달리는 전찻길, 동으로 가면 동대문, 서로 가면 서대문, 당신은 동으로 나는 서로, 잠시 헤어집니다.

◎

이 술 한 잔을 드시면, 천년이라도 만년이라도 장수합니다.

◎

이 술 한 잔을 드시면, 어떤 바람이라도 이루어집니다.

◎

이 술은 술이 아닌 무릉도원 복숭아 이슬입니다.

◎

놀고 가라 자고 가라, 달 떠 있는 동안 놀고 가라.

◎

남산 산기슭의 장충단奬忠檀에 군악대가 나란히 서서 받들어총하고 있다.

◎

저기 가는 저 사람은 나만 보고 손짓한다.

◎

바람이 분다 바람이 불어, 열여섯 처녀에게 초가을의 바람初風이 분다.

◎

스님스님 도사스님, 스님의 절 뒤에 있는 산은 모두 명산입니다.

◎

나를 버리고 가시는 님은 십 리도 못 가서 발병난다.

◎

놀고 가라 자고 가라, 자고 가야 즐거움이 있어라.

◎

저기 가는 젊은이, 내게 딸이 있다면 시집보낼 텐데.

▋ 땜장이 노래鑄掛屋の歌

창밖에 가는 땜장이야, 이별이 생기는 틈을 때우는 방법은 없는 것이냐. 장사꾼 대답하여 말하기를, 한초漢楚 때의 항우項羽[1]도 산이라도 빼어 던질 만큼 힘이 장수였고, 기운은 일세를 풍미했으나 완력으로는 때우지 못했소. 그 삼국의 제갈량도 위로는 천문 아래로는 지리, 통달하지 못한 것은 없었으나 지혜방편으로는 때우지 못했소. 하물며 우리 같은 천것이야 두말

---

1 중국 진秦나라 말기의 무장(B.C.232~B.C.202). 숙부 항량項梁과 함께 군사를 일으켜 유방劉邦과 협력하여 진나라를 멸망시키고 스스로 서초西楚의 패왕霸王이 되었다. 그 후 유방과 패권을 다투다가 해하垓下에서 포위되어 자살하였음.

할 것도 없소.

◎

푸른 풀 긴 제방綠草長堤 위에 홀로 누런 송아지를 탄 목동이여, 세상일의 시비를 그대는 아는가 모르는가, 목동은 피리만 불며 웃고는 아무 말이 없네.

◎

인생은 둘인가 셋인가, 이 몸은 넷인가 다섯인가, 애처로운 인생은 꿈속에 있으면서 평생 애달플 뿐이라 언제나 놀 수 있을꼬.

◎

석탄, 백탄(炭)이 소리 내며 탄다, 나의 가슴은 소리도 없이 탄다.

◎

너도 총각 나도 총각, 아아 그렇다, 그렇고말고, 둘이서 두 채의 집을 지어, 두 총각이 그 여자를 품어서, 그렇다, 그렇고말고.

▌담배의 노래煙草の歌

담배여 담배여, 동래 울산에 상륙해서 우리 한국에 건너 온 담배여. 너의 나라는 사시사철 따뜻하고 만국 중에 월등한데, 어째서 그것을 버리고 우리 한국에 왔는가. 담배는 웃으며 말하길, 처음부터 우리나라를 버린 것이 아니라, 너희 나라에 만유漫遊하러 잠시 왔을 뿐이라네. 하면 부유한 귀국貴國에서 가난한 나라에 온 것이라면, 필시 우리에게 재물을 베풀기 위함일세. 베풀어 줄 재물은 금인가? 은인가? 어서 재물을 풀어서 가난한 우리를 구해

주시오. 너와 같은 게으름뱅이에게 헛되게 재산을 주어도 즉시 탕진하지 않겠는가. 그것보다는 가지고 온 그 종자를 너의 나라에 씨를 뿌려 심으면, 그것이 너를 구할 것이니. 보라! 산등선을 갈고 담배의 종자를 여기저기 심으면, 낮에는 따뜻한 햇빛이 비추고 밤에는 차가운 이슬에 젖어 금방 자라날 것이다. 그리고 윗잎과 아랫잎을 잘라, 그중에 질이 안 좋은 잎들은 떼어내고 날카로운 칼날로 잘게 썰어 자신의 담배상자에 가득히 넣고, 총각의 담배상자에는 두 배 가득히 넣어, 소상반죽蕭湘班竹[2]의 긴 담뱃대로 석탄불을 일으켜 철로 된 큰 화로에서 그것을 들이마셔 보아라. 한 모금 머금으면 오색구름이 목구멍에서 춤추며 나와 안개처럼 길게 깔릴 것이다. 다시 한 모금 머금으면 청룡과 황룡이 달려 나와, 하늘을 날 듯 할 것이다.

▌군가軍歌

태극太極이 처음 열린 후, 바다 끝 동방에서 태조가 창업하시고, 열성列聖의 덕이 지극하시다. 천하의 만국 넓은 세계, 광무光武의 해와 달 높이 날도다. 우리 왕의 성덕으로 민생과 즐거움을 같이하고, 인의예지仁義禮智는 천성으로 효제충신孝悌忠信으로 인도하니, 뛰어난 호걸을 배양하고 부국강병富國强兵의 기초를 세운다. 군인들이여, 군인들이여, 대한의 군인들이여, 왕가의 번병藩屛이요, 국가의 간성干城이라. 잊지 말지어다, 잊지 말지어다. 충군애

---

2 순舜임금이 순수巡守하다가 창오에서 죽자, 그의 두 비妃가 대나무에 눈물을 뿌리니, 그 대나무에 아롱진 무늬가 생겼다는 고사故事가 있다. 열녀烈女의 상징. 사람들이 이를 소상반죽蕭湘班竹 또는 이녀죽二女竹이라 하여 '슬픈 일'을 이르는 말이 되었음.

국忠君愛國을 잊지 말지어다, 잊지 말지어다. 유진무퇴有進無退의 굳은 마음은 강산이 변하지 않는 것처럼, 수많은 장성으로도 능히 당해 낼 수 없는 우리의 용맹을 때에 응하여 천하에 떨칠지라. 휘둘러라, 휘둘러라. 천지를 뒤흔드는 위엄, 척후복초斥候伏哨의 기정奇正[3]은 당당한 진퇴이지 않는가! 전쟁의 승패는 한순간이니, 그들이 죽고 나는 산다는 마음으로 총탄의 비가 쏟아져도, 공격의 기세를 드높일지어라. 전진하라, 전진하라. 승전을 향하여 전진하라. 우리의 사격은 백발백중, 사격의 무기는 명백하여, 칼날이 활처럼 번쩍이면 적병은 추풍낙엽이 된다. 빠른 걸음으로 돌진하면 무인無人의 경지로다. 대한의 국기를 높이 들고 억만의 군병이 개선가를 노래할 때, 어버이와 오랜 친구가 너를 맞이하여 한없이 축하해 줄 것이다. 싸우면 반드시 이기고 공격하면 반드시 잡는다. 우리 왕은 홍복洪福이니, 상벌은 천지天地와 같고 전공戰功은 양보하지 않아도 빛날지어다. 빛을 발하네, 빛을 발하네, 우리 훈장이 빛을 발하네. 잊지 말지어다, 잊지 말지어다, 충군애국을 잊지 말지어다, 말지어다. 남산은 높고 한강은 깊으니 왕국의 기업起業이 왕성하도다. 해가 뜨고 달이 비추는 것처럼, 왕가 성수무궁이로다. 천세천세, 만세만세.

◎

달아, 밝은 달아, 내 아내의 창을 비추는 밝은 달아, 그는 홀로 있는지, 그렇지 않으면 어떤 남자와 안고 있는지, 달이여 네가 본 그대로 말해주렴, 사생결단할지어니.

◎

사랑하지 않았다면 헤어지지도 않았을 텐데. 헤어지지 않았으면 서로 그리

---

3 그때그때의 형편에 따라 임시로 둘러대는 수단과 원칙적인 방법.

워하지도 않을 텐데. 서로 그리워하나 만나지 못하고相思不見, 서로 그리워하고相思懷抱, 소식을 알지 못하니 멀어지고不知不親, 그리워하지 않게 되네不相思. 아아, 예로부터 인생은 이것 때문에 백발이 되는 것이로구나.

◎

많은 산을 깎아서 동정洞庭 호수 넓히고, 계수나무를 꺾어 달을 한층 밝게 하자꾸나. 서글픈 마음은 있어도 마음대로 되지 않는구나.

◎

공명 제갈량, 갈건과 야복을 두르고, 남병산의 높은 산봉우리에 올라, 칠성단을 세우고 남풍을 기원한 후에 제단 밑으로 내려오니, 바다 가운데에 작은 배 하나 있구나. 그 장사壯士는 아마 자룡子龍일 것이다.

◎

청산리, 벽계수야, 쉬이 감을 자랑하지 마라, 한 번 푸른 바다에 도달하면 두 번 다시 돌아오는 것은 어려우니, 천천히 천천히.

◎

십 년을 애써 초가집 한 칸 마련해도, 반 칸은 청풍清風이요, 또 반 칸은 명월明月이더라. 어쩌겠는가, 청풍명월은 인생의 반려伴侶인 것을.

◎

나비야 청산에 가자. 나비야 나도 가자, 가는 길에 해가 지면 꽃 속에서 쉬었다 가자. 그 꽃이 푸대접하면 잎 속에서라도….

◎

태산이 높다 해도 하늘 아래 산인 것을. 오르고 올라, 또 오르면 오르지 못할 것은 아니니. 그것을 사람은 자신들이 오르지 않고 태산이 높다고 한탄하네.

◎

이 몸이 죽고 죽어, 골백번 죽어 백골이 진토가 되고, 넋이라도 있고 없고. 임 향한 일편단심을 잊을 수가 없구나.

◎

아침 일찍 눈을 떠 보니, 님으로부터 편지가 와 있네. 백번 이상을 다시 읽어, 가슴 위에 얹어 두니, 조금도 무겁지 않지만, 아아 마음이 답답하구나.

◎

세상에는 약도 많고, 칼도 많다네. 그러나 님을 잊을 약도 없고, 정을 끊어 낼 칼도 없네.

아아, 잊거나 끊어주시오, 부탁이니까.

◎

기차는 갈 때마다 기적을 울리고, 님은 손을 잡고 눈물을 흘리네.

아이고데고 アイゴデイゴ, 흐응, 괴롭기 그지없구나.

◎

말은 달릴 때마다 네 발굽으로 뛰어오르고, 님은 손을 잡고 눈물을 흘리네.

아이고데고 アイゴデイゴ, 흐응, 괴롭기 그지없구나.

◎

난폭하고도 난폭하다. 사람의 귀한 외동딸을, 아이고 アイゴ 정말로 난폭하구나.

아이고데고 アイゴデイゴ, 흐응, 괴롭기 그지없구나.

■ 백구가白鷗歌

배꽃이여, 배꽃이여. 춘향의 손발이 너무도 하얗기에 배꽃이어라.

◎

연꽃이여, 연꽃이여. 춘향의 입술이 붉어 연꽃이어라.

◎

바람이 분다, 바람이 분다. 연평바다에 가을바람이 분다.

◎

안산案山도 주산主山도, 좌우에 쌍용雙龍의 모습이어라.

■ 방탕아지가放蕩兒之歌

탕아여 탕아여 탕아여, 외동아들 탕아가 뛰쳐나갔구나. 우여곡절의 그가 향하는 남산을 보거라. 우리들도 죽으면 그 산의 모양새를 본받으리라.

◎

앞집 딸이 시집을 갔다는 말을 듣고, 뒷집 총각은 목을 매러 간다. 어이, 총각, 예물을 보내는 날에 어디를 가는가, 결혼식 날 밤 어디를 가는가. 어이, 총각, 죽으러 가는 것보단 우리 집에 와서 일이나 하러 오시게.

◎

인왕산 호랑이가 살찐 암캐를 잡아 왔으나 이빨이 빠져서 먹지를 못 하니 그저 갖고 놀기만 하는구나.

◎

남산을 바라보고 있으니 수천수만 가지의 풀과 꽃이 만개해 있네. 9월과 10월에는 국화도 만개하리라.

▌마음 느긋한 노래気の長い歌

느긋하게 느긋하게 14장十四丈 느긋하게, 나를 좋은 곳에 살게 해 주옵소서.

▌영변가寧邊歌

연변寧邊의 동대東臺로라 부디 편안히 잘 있거라 나도 내년에 꽃 피면 다시 와서 만나고파.

◎

따라오너라 따라오너라 나를 따라오너라,
뒷 동산 이화장梨花帳 안으로, 나를 따라오너라.

◎

따라가고픈 마음은 인천항의 화륜선火輪船이 폭주輻輳하는 것과 같지만,
시부모 잔소리에 따라갈 수 없구나.

◎

정방산성定方山城 험한 길을,
달걀을 가진 처녀가 포복하며 간다.

◎

약간 한기가 들어 머리가 아프구나.
큰딸과 작은딸이여 나를 살려주시오.

◎

가자 가자, 첩妾아 가자 서방 따라 첩아 가자.

▌수심가愁心歌

노세 노세, 젊어서 노세. 늙으면 병들어서 더 놀 수도 없다네.

세월이 가는구나, 세월이 가는구나.
천하일색의 미인도 모두 나이를 먹는구나.

노닐고픈 마음은, 엄동설한에 새 옷을 갖고 싶은 만큼이나 있지만,
먹고 사는 일衣食에 쫓겨 제대로 놀지도 못하는구나.

◎

좋구나 좋구나, 만사 모두 좋구나. 억조창생들이여, 내가 하는 말을 잘 들어
라, 세상의 모든 이는 반드시 직업을 지키며 일해야 하고, 우리들도 그
마음으로….

◎

아 - 좋구나, 좋아, 내 주인은 간다. 밤낮으로 12일을 가면 초나라의 땅이
분명하다. 초나라의 초라는 글자는 초의 서왕西王이고, 한나라의 한이라는
글자는 한의 패공沛公이다. 사士라는 글자는 모사謀士라고 정하여 중군中軍

으로 하고, 향香이라는 글자는 관운장關雲長으로, 마馬라는 글자는 마초馬超, 차車라는 글자는 조자룡趙子龍, 군軍이라는 글자는 나졸羅卒, 억조창생은 물이 끓어오르는 것처럼 왕성한데, 누군가 비검에 죽임을 당했는지 꿈에서도 한 번도 돌아오지 않는다.

(이것은 우리나라 사람들이 장기의 말을 사용해 노래한 것으로, 우리나라의 장기는 한나라와 초나라의 전쟁을 모방한 것이다.)

▌별리別離

(이것은 요즘 한인들 사이에 상당히 유행하고 있는 노래이다)

묻노라, 주가酒家는 어디에 있는가. 목동이 저 멀리 살구꽃마을을 가리킨다. 어이 – 놓아라, 놓을 수 없다. 죽어도 놓을 수 없다. 명사십리明沙十里 해당화야, 꽃이 시들어도 슬퍼마라.

어이 – 놓아라, 놓을 수 없다. 열두 번 죽어도 놓을 수 없다. 당명황唐明皇의 양귀비도 젓가락을 놓으면 쓸모가 없다(젓가락을 놓는다는 것은 죽는 것).

어이 – 놓아라, 놓을 수 없다. 열네 번 죽어도 놓을 수 없다. 너는 누구인가. 나를 누구라고 여기는가. 상산常山의 조자룡趙子龍이다.

어이 – 놓아라, 놓을 수 없다. 스물네 번을 죽어도 놓지 않겠다. 아이야, 어디에 살고 있느냐. 용산 3가에 살고 있습니다.

어이 – 놓아라, 놓을 수 없다. 팔이 잘려도 놓을 수 없다. 창포 밭에 금빛 잉어가 놀고 있다. 아름답고 힘차게 놀고 있다.

어이 – 놓아라, 놓을 수 없다. 다리가 꺾어져도 좋을 수 없다. 달도 밝구나,

184

달도 밝구나. 월명서창月明西窓, 저 달이 밝구나.

어이 - 놓아라, 그래도 놓지 않는다. 머리가 잘려도 놓지 않는다. 남산의 송백松柏은 울창하고, 한강의 흐르는 물은 도도하게 흐른다.

어이 - 놓아라, 아무리 해도 놓을 수 없다. 눈알이 뽑힌 데도 놓지 않는다. 춘풍, 도리桃李 꽃이 핀 밤. 추우秋雨에 오동잎이 떨어지는 때.

어이 - 놓아라, 아무리 해도 놓을 수 없다. 책형磔刑을 당해도 놓지 않는다. 달도 희고 눈도 희고 천지도 희구나. 산도 깊고 밤도 깊고 나그네의 시름도 깊다.

어이 - 놓아라, 아무리 해도 놓을 수 없다. 허리가 꺾여도 놓지 않는다. 녹수진경綠樹秦京[4]의 넓은 정원에는, 내 부군이 다니던 길이 있다.

어이 - 놓아라, 아무리 해도 놓을 수 없다. 모란의 병풍을 둘러치고서, 사모하는 내 부군이 돌아오는 것을 기다리고 있다.

어이 - 놓아라, 아무리 해도 놓을 수 없다. 지금 죽어도 놓을 수 없다. 지금 가면 언제 올지, 올 날을 가르쳐 주오.

어이 - 놓아라, 아무리 해도 놓을 수 없다. 장님이 되어도 놓을 수 없다. 내년 3월이 되어, 꽃이 피면 또 만나자.

어이 - 놓아라, 아무리 해도 놓을 수 없다. 온몸이 없어져도 놓지 않는다. 내 처의 집은 성안에 있으니, 성을 넘어가기가 힘들구나.

어이 - 놓아라, 아무리 해도 놓을 수 없다. 통감부에서 부탁해 와도 놓을 수 없다. 이 년아 하카마袴 끈을 놓아라, 비단 하카마는 찢어진다.

어이 - 놓아라, 아무리 해도 놓을 수 없다. 칙령勅令이 있어도 놓을 수 없다.

---

4 푸른 나무 우거진 진나라 서울. 진경秦京은 중국의 서경西京이므로 장안長安을 말함. 섬서성 서안西安.

가고말고, 너도 잘 살고 있어라, 내년 이맘때에 다시 보자. 만세만세 만만세, 만수무궁 만수무궁 이천만 동포 만수무궁.

◎

한양성의 십 리 밖에 높고 또 낮은 저 무덤, 영웅호걸 몇 명인고, 절세미인 누구누구인고.

◎

꽃의 3월이라고 하는데 구십춘광九十春光은 어디인고? 봉우리 봉우리에 단풍, 언덕과 언덕에 황금빛 풀, 벌써 인생의 반이 지나갔으니 다시 젊어질 수는 없네. 이제부터는 나이를 먹지 않고 집도 이대로 두어라. 백발이여, 나를 생각해 늙지 않게 해 주렴. 송풍松風은 거문고 소리, 두견새는 노랫소리. 이 산중에 무사한신無事閑身의 경지는 나뿐이로세. 올려다보니 별은 총총하고 아래를 보면 백사白砂가 땅에 깔려 있네. 푸른 하늘 넓은 곳에 쟁기를 내려 두고 소를 묶어 두고, 길 아래 정자 밑에 도롱이를 베개 삼아 누우면, 봄바람이 나를 깨운다. 올려다보면 층암절벽, 내려다보면 천리강산. 달아 밝은 달아, 님의 동창東窓을 밝히는 달아, 그대 나에게 들려주오. 그대가 품은 것은 어느 우남優男[5]인고. 사생결단, 풍랑죽엽風浪竹葉은 장부의 싸움이요, 풍세연화風勢蓮花는 백만 궁녀의 목욕이라. 저기 저편의 작은 돌은 강태공의 낚싯대인데, 강태공은 어디에 갔는가. 남은 것은 빈 배뿐. 아이야, 담뱃대를 들어라.

◎

무궁무진식無窮無盡食. 산이나 바다를 먹지 않겠다 맹세했지만 물고기를 보고, 술을 보니, 그 맹세가 원수구나. 불로주를 만들어, 만년 잔에 한 잔

---

5 성품이나 행동거지가 상냥하고 부드러운 남자

따라, 자아 드시게ー 이 술 한 잔 드시게, 천만년 장수합시다.

◎

아리아리랑アリヤリヤン, 아라리오アラリヨ 아리아리랑アリヤリヤン, 띄우자 배 띄우자.

◎

인력거가 가면, 바퀴는 퉁ー 돌아가는데, 삼각산三角山 표가 없어 갈 수 없네.

◎

전차는 달리려고 전속력을 내는데, 님은 손을 붙잡고 눈물 흘리네.

◎

달은 밝고, 달 청명하니, 님이 절로 생각난다. 돌아가면 님을 안고, 내 사죄 하리라. 자 들어오시오.

▌흥타령興打鈴(타령은 노래의 곡을 뜻함)

천안삼거리 버드나무는 늘어져 있고, 달은 밝고, 달 청명하니, 님의 기분이 갑자기 변하네.
샤미센三味線의 가락처럼 가늘고 흐느끼는 듯한 목소리에, 어떤 열녀도 죽어도 싫어하진 않는다.

▌ 산타령 山打鈴

과천의 관악산, 연주대위의 도봉불성, 만월이 드디어 떠오르기 시작했네.

산천초목이 살아 번영하고 있네. 자 보러가세, 기쁜 맘으로 보러가세.

임진강도臨津江都 사공沙工이여, 이 뒤에 오는 사람부터는 절대 뱃삯을 받지 말고 건너게 해요.

말은 떠나려고 발굽을 차니, 주인은 손을 쥔 채 눈물을 흘리네. 해는 떨어진다, 서산의 해는 떨어진다. 달은 떴네, 동쪽 산꼭대기 구름東嶺雲 위로. 구름 위로 달이 올라오네.

말에 올라 꽃 속을 걸으면, 말발굽 밑에서부터 향기가 올라온다. 그 향기는 나의 향기.

▌ 매화가 梅花歌

이 갈림길, 저 갈림길. 동구洞口 밖에 서있는 노인은 나무로 만들어져 있는데 두 개의 상투를 머리에 틀고 있네. 망건과 갓, 띠가 똑똑히 보인다. 좋구나 매화로다.

네 귀퉁이가 밝은 온돌방에 살찐 커다란 처녀가 자고 있다. 좋구나 매화로다.

주인을 볼 때는 정情도 깊었으나, 손톱이 빠지고 발이 줄어들 무렵에는 옛날의 정도 모두 말라 버리네. 아아 매화로세.

돈을 2전 주시오, 2전 주시오, 2전 정도로 무엇에 쓸꼬, 뒷집에서 살구를 사서, 앞집 처녀의 마음을 얻고 싶어라. 그래도 좋구나 매화로다.

그 처녀의 눈을 보면, 겉은 감고 있지만 마음의 문은 열려 있네. 그것이 매화로다.

오고 가면서 꽃빛깔만 보아도 남자의 애간장이 녹네. 그것은 매화로다.

▌어부지사漁夫之辭

밝게 빛나는 하늘가의 태양은 붉고 부상扶桑에 높게 떠 있네. 양 계곡의 안개는 달빛의 봉우리를 이리저리 돌아다니네. 갈대꽃은 눈이 되나니, 어촌에 개가 짖는다. 두견새 날아 가지마라, 나는 너를 잡지 아니하니, 승상이 버렸기에 너를 쫓아 여기까지 왔노라. 세월이여 가지마라. 옥발홍안 모두 나이 먹나니, 노세 노세 젊어서 노세. 늙어서는 못 노나니, 오동월명梧桐月明 밝은 달도 그믐날은 어둡나니, 선동도화 복숭아꽃도 4월이면 다 떨어지나니, 인생 젊을 적에 놀지 않으면 무얼 하겠나. 가세 가세 구경하러 가세. 천하제일 명승지 강산 동쪽에 있는 사계절의 경치 다양도 하구나. 명산은 이곳이니 춘풍에 학이 매화를 움직인다. 강산을 한번 구경하세. 동반자는 누구누구더냐. 박기달朴岐達에 홍황운洪黃雲. 풍류와 운치를 갖추었으니 시를 적은 두루마리 한 권, 벼루 한 개, 먹 한 개, 붓 하나, 가벼운 차림으로 많지도 않고 적지도 않은 4, 5명에서 대나무 지팡이 짚고, 짚신 신고 천리강산을 구경하러 가세. 사대문을 나와 넓은 평평 대로, 긴 수풀 길을 걷자니 버드나무 청정하고, 휘파람새 노랗도다. 아! 황금 같은 저 휘파람새 양유광풍揚柳狂風에 몸을 싣고 지저귀네. 휘파람새 우는 산골마다 붉은 춘풍이 부네. 다른 쪽을 바라보니 밭을 갈고 있는 이윤伊尹[6]이 가래, 쟁기 짊어지고 쉬고 있다. 춘분 절기는 기분도 가볍네. 또 다른 편을 바라보니 낙락장송 드리워진 가지에 혼자 서서 울고 있는 두견새는 주인의 죽은 혼인가, 잠자코 나뭇잎을 보며 자신을 되돌아보곤 슬피 울고 있네. 소만小滿 즈음 기분도 가볍네. 앵무새가 날아들고 두견새 접동 접동 우는 소리는 장부의 마음을 녹이네. 계속 나아가니 사람의 고을이 아닌 별천지가 나온다. 비스듬한 돌길에 쇠사슬이 매달려 있다. 그 길을 기어오르면 천하의 명승지 강산이 한눈에 들어온다. 바라보면 하늘 끝에 떠 있는 건 구름이요, 구름의 끝에 떠 있는 것은 수많은 산들일세. 위로는 높은 골짜기와 봉우리, 아래로는 백사장. 비로봉飛爐峯을 전부 보고 죽장망혜竹杖芒鞋로 마을 어귀에 이르니, 인적은 끊어지고 바람 차갑네. 청용능선, 백호능선을 바라보니 이는 분명

---

6 중국 은나라의 전설상의 인물. 이름난 재상으로 탕왕을 도와 하나라의 걸왕을 멸망시키고 선정을 베풀었다고한다. '반계이윤磻溪伊尹'이란 성어는 주문왕은 반계에서 강태공을 맞고, 은왕은 신야에서 이윤을 맞이했다고 하는 데서 유래한 것임.

하늘이 만든 게 분명하니, 괴이하고 신기하도다. 남자가 생을 받아 이 세상에 태어나 이 광경을 본 것은 영화롭도다.

자네가 죽으면 만경萬頃의 파도가 되고 이 몸이 죽으면 달빛이 된다. 동남쪽에서 부는 바람은 살랑이고 파도는 너울거리네.

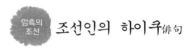 조선인의 하이쿠俳句

열일곱 자 형식을 가르쳤더니 조선인이 왕성하게 하이쿠를 지었다. 가상천외, 상식으로 상상도 할 수 없는 포복절도할 만한 명구가 속속 완성되었다. 이하 이삼십 구를 재미삼아 읽어 주기 바란다. 다만 작자는 한시를 지을 정도로 학문도 있고 문필을 갖춘 사람이다.

하이쿠 짓는 나는 문학 박사이려나

俳句作る吾は文学博士かな

비가 오네 집의 처자가 그립구나

雨が降る溫突の妻恋しかな

애를 써서 만들어도 되지 않는 하이쿠로구나

気を入れて作れどできぬ俳句哉

일본은 까막눈이 적은 나라로구나

日本は盲目少き御國哉

승려를 존경하는 풍토의 일본이구나.

僧侶をば尊ぶ風の日本かな

대관은 기생을 첩으로 삼으니 부인은 뿔(부인은 질투를 한다는 뜻)

太官は官技を妾妻は角

192

다른 여자가 있으면 부인은 소 한가지(소 같이 질투를 한다는 의미).

他に女持てば奥様牛ハンカチ

오월 장마여 이웃집 벽의 미인이구나

五月雨や隣の壁に美人哉

오월 장마여 측간과 부엌이 맞닿아 있구나(한국인 가옥의 불결함을 의미)

五月雨や便所と井戸とつづき哉

신마치의 밤은 기생의 박람회(신마치는 경성의 일본인의 유곽이다).

新町の夜はキイサンの博覧會

그저 취해서 귀가하니 부인의 강샘하네

只醉ふて帰るに妻がりんき哉.

야유夜遊를 하고 귀가하니 부인이 기다리고 있네

ひやかして帰れば妻は待ちませり

한인韓人은 '가- 가-'라고 하는 순사로구나

韓人はカーカーと云ふ巡査かな

순경에게 총을 주지 않는 것이 이상하구나
(일본 순경만 총을 휴대하고 있는 것을 원망하는 뜻)

スンゴンにチヨンを持たせぬ不思議哉

일본 옷을 입고 남산공원을 산책하네

和服着て南山公園散歩哉

처녀와는 관계를 맺어도 무탈하구나
(딸에겐 남편이 없기 때문에 무서울 것이 없다는 뜻)

娘には關係してもよろしかな

상점의 여자는 부인이 되는 처녀로구나

商店の女は奥様となる娘哉

193

집사람도 신마치를 알고 있으니 난처하구나(신마치는 유곽)

　　吾が妻も新町を知りこまり哉

일본인이 다리, 가슴을 드러내고 달리는구나(한국인은 나체를 꺼린다)

　　日本人足胸出して走るかな

가시와라는 것은 닭고기인데 맛이 좋소

　　かしわとは鳥の肉なりマシチヨッソ

인력거를 탈 땐 수염 난 사람이 좋은 사람

　　車乗り鬚ある人がチヨンサラミ

한국기생은 일본인도 좋아하네

　　キイサンは日本人も好いてくる

오스시라는 것은 말은 밥의 이름이요

　　おすしとは巻きたるパブの名なりけり

속치마의 붉은 천을 내보이는 갈보로구나

　　腰巻の赤きを出すがカルボ哉

일본어도 한어도 아는 고양이로구나

　　日本語韓語もわかるコヤン哉

일본 옷을 입은 한인 첩이 더위를 식히는구나

　　和服着たヨボ一妻の涼みかな

수표교 양반과 갈보 두사람

　　水票橋兩班カルボー二人哉

아름다운 꽃을 든 여인이구나

　　美しき花を持ちたる女かな

몰라하고 조선말을 하는구나

　　モーラーとチヨウソンマルを云ふて哉

진고개여 일본 사람뿐이로구나

チンコウカイイルボンサラミばかりなり

공원은 사람이 모이는 곳이로구나

公園は人の集る処かな

머리 자르니 가을바람 춥구나 사는 방이여

髪切つて秋風寒しサヌンバン

선생과 하이쿠 짓기 술 있소

先生と俳句を作るスリイッソ

대신은 일한순사가 호위하는구나

大臣は日韓巡査護衛哉

일본은 조선의 동선으로 간다

日本は朝鮮の東船で行く

비가 내리면 일본 우산이 그만이다

雨が降る日本の傘がチョッソなり

부인은 매춘 때문에 우는 여자로구나

奥さんは淫売でなき女哉

남산에 통감족 있네 나라의 치부로세

南山に統監族あり國の恥辱

두루마기에 시원한 바람 납량이구나

ツルマキに風の涼しき涼みかな

기생과 하이칼라가 걷는 종로로구나

キイサンとハイカラと行く鐘路哉

기생도 차양머리에 하얀 리본

キイサンもひさし髪にて白リボン

195

기생은 머리부터 일본화해서

キイサンは頭の上から日本化し

기생은 목부터 위는 일본인

キイサンは首から上は日本人

기생을 존경하는 풍토는 야만스럽구나

キイサンを尊む風は野蛮哉

기생의 빨간 우산 비추는 석양이로구나

キイサンの赤き傘みる夕日かな

암흑의 조선 끝.

196

저자 약력

저자 ▌ **우스다 잔운**薄田斬雲(1877~1956) 소설가·저널리스트

경성일보京城日報 기자. 와세다 대학 출판부 등을 역임. 작가로서도 활약하여 1906년 발표한『몽기濛気』를 비롯『평범한 비극平凡な悲劇』등 많은 단편소설, 회곡, 수필 등을 발표했다. 저서로『천하의 기자』,『여보기ㅋㅊ記』등이 있다.

역자 ▌ **이시준**

한국외국어대학교 일본어과 및 동 대학원 석사 졸업. 도쿄대학교 대학원 총합문화연구과 박사(일본설화문학). 현 숭실대학교 일어일문학과 교수. 숭실대학교 동아시아 언어문화연구소 소장.

대표 업적:『今昔物語集　本朝部の研究』(일본),『식민지 시기 일본어 조선설화집 기초적 연구 1, 2』,『古代中世の資料と文學』(공저),『漢文文化圈の說話世界』(공저),『東アジアの今昔物語集』(공저),『說話から世界をどう解き明かすのか』(공저),『일본불교사』(역서),『일본 설화문학의 세계』(역서) 등.

숭실대학교 동아시아언어문화연구소
식민지시기 일본어 조선설화집 번역총서 **1**

완역 암흑의 조선

초판발행 2016년 2월 28일

저   자   우스다 잔운
역   자   이시준
발 행 인   윤석현
발 행 처   도서출판 박문사
등록번호   제2009-11호
책임편집   김선은

우편주소   서울시 도봉구 우이천로 353 성주빌딩 3F
대표전화   (02)992-3253(대)
전   송   (02)991-1285
홈페이지   www.jncbms.co.kr
전자우편   bakmunsa@daum.net

ISBN 979-89-98468-93-4 04380   정가 11,000원
      979-89-98468-92-7 (set)

이 저서는 2012년 정부(교육부)의 재원으로 한국연구재단의 지원을 받아 수행된 연구임
(NRF-2012S1A5A2A03033968)